100
RECEITAS
PARA FESTINHAS

Palmirinha

100
RECEITAS
PARA FESTINHAS

EDITORA
ALAÚDE

Esta edição reúne as receitas anteriormente publicadas nos livros da coleção *Venda & lucre com Palmirinha*.

Produção editorial: Editora Alaúde
Revisão: Claudia Vilas Gomes, Cacilda Guerra
Projeto gráfico: Cesar Godoy
Capa: Rodrigo Frazão
Foto da autora: Ricardo Beccari
Fotos e produção culinária: Estúdio PhotoFood
Agenciamento: 2mb Licenciamento, Marketing, Representações

Impressão e acabamento: EGB – Editora e Gráfica Bernardi

1ª edição, 2015

Dados Internacionais de Catalogação na Publicação (CIP)
(Câmara Brasileira do Livro, SP , Brasil)

Onofre, Palmirinha
    100 receitas para festinhas / Palmirinha. - São Paulo: Alaúde Editorial, 2015.

    ISBN 978-85-7881-316-1

    1. Culinária (Receitas) I. Título.

15-06470   CDD-641.5

Índices para catálogo sistemático:
1. Receitas : Culinária : Economia doméstica 641.5

2015
Alaúde Editorial Ltda.
Avenida Paulista, 1337, conjunto 11
Bela Vista
São Paulo, SP, 01311-200
Tel.: (11) 5572-9474
www.alaude.com.br

Apresentação

Amiguinhas e amiguinhos,

É com muita felicidade que apresento a vocês o segundo volume da minha série 100 receitas, que começou com os meus pratos preferidos. Nesta edição, estão reunidas algumas das receitas publicadas em uma coleção anterior, incrementadas com lindas fotos, dicas preciosas e um conteúdo inédito: as receitinhas que uso como base para preparar quitutes deliciosos.

Nas páginas a seguir, vocês vão encontrar receitas perfeitas para compartilhar com a família e os amigos, já que elas rendem bastante e são ótimas para encher a mesa, forrar o estômago e alegrar o coração. E qual é o melhor jeito de fazermos isso? Sempre ao lado de quem a gente ama, não é mesmo?

Espero que, com este livro, vocês se divirtam bastante – tanto na cozinha quanto na sala – e possam relaxar e passar momentos inesquecíveis, daqueles que a gente abre um sorriso enorme só de lembrar.

Preparem as receitas com carinho, encham seu lar de amor e contem sempre com a vovó Palmirinha para ajudá-los na cozinha!

Um abraço,
Palmirinha Onofre

Sumário

Segredos da Palmirinha 9
   Para tortas mais saborosas 9
   Para pães mais bonitos 10
   Para bolos mais fofinhos 11
   Para salgadinhos saborosos 11
   Para doces mais gostosos 12
   Para lindos bem-casados 13
   Para trufas mais macias 13
   Para bombons apetitosos 14

Receitas básicas 15
   Massa para quiche 15
   Massa para torta doce 15
   Massa para salgadinhos fritos 16
   Massa para salgadinhos assados 16
   Ganache de chocolate 17
   Pão de ló 17
   Chantili 17
   Marshmallow 17

Tabela de conversão de medidas 18

Receitas
   Tortas salgadas 19
   Pães caseiros 37
   Pães recheados 47
   Bolos caseiros 57
   Bolos elegantes 71
   Salgadinhos fritos 79
   Salgadinhos assados 89
   Docinhos caseiros 99
   Docinhos especiais 109
   Trufas 121
   Bombons 133

Índice alfabético das receitas 142

Segredos da Palmirinha

Olha, gente, é muito importante ler a receita inteira antes de começar e seguir direitinho as instruções. Também ajuda bastante se vocês já separarem todos os ingredientes já medidos em cima da pia, para ter tudo à mão. Ah, e se a receita pedir forno preaquecido, liguem 15 minutos antes de ser usado. Recomendo sempre usar um jogo de medidores-padrão de xícaras e colheres para medir os ingredientes. Depois, tem o jeito certo de abrir a massa da torta, de assar o pão no forno doméstico, de transformar o bolo do dia a dia em algo especial, de deixar os salgadinhos sequinhos e crocantes, de fazer os doces ficarem tão bonitos quanto gostosos... Mas é só continuar lendo que vocês vão aprender rapidinho!

Para tortas mais saborosas

- A massa é o grande segredo por trás de uma torta deliciosa. Claro que se o recheio estiver bem temperado e saboroso ajuda, né, amiguinha, mas a massa tem que estar perfeita e equilibrada.

- Ao contrário dos pães, a massa de torta não pode ser muito trabalhada. Nos pães, o processo de sovar é essencial para desenvolver o glúten e deixar a massa mais elástica, mas, ao preparar uma torta, sovar demais só vai fazer a massa ficar borrachuda e às vezes encolher na fôrma.

- Antes de abrir a massa, deixe-a na geladeira por 30 minutos. Depois, use um rolo para conseguir a espessura que deseja.

- Prefira fôrmas de metal para assar suas tortas, pois esse material conduz melhor o calor do que porcelana ou vidro.

- Fôrmas de fundo removível são uma ótima pedida, pois facilitam na hora de desenformar. Se não dispuser desse tipo de assadeira, cruze duas tiras largas e compridas de papel-alumínio no fundo da fôrma, deixando as pontas ultrapassarem as bordas. Depois que a torta estiver assada, use as tiras para levantar a torta com cuidado e transferi-la para um prato. Esse truque funciona melhor se a fôrma tiver bordas mais baixas.

- Abra a massa e forre o fundo da fôrma. Depois, faça rolinhos e cubra as laterais. Com o que sobrar de massa, cubra o recheio ou corte tiras para fazer um quadriculado por cima.

- Sempre pincele a superfície da torta com gema levemente batida para deixar a crosta dourada e brilhante. Para um acabamento diferente, polvilhe gergelim ou ervas desidratadas.

Para pães mais bonitos

- Evite a todo custo que a farinha se umedeça antes de entrar em contato com os demais ingredientes. Use um recipiente seco para medir, nivelando com a faca para obter a quantidade certinha pedida na receita.

- Se estiver usando fermento biológico fresco, uma dica para aumentar sua ação é misturar o tablete com uma colher de açúcar e um pouco de água morna. Isso vai formar uma esponja que vai dobrar de volume e acrescentar aroma e sabor à massa.

- Não tenha preguiça, hein? Para obter pães mais fofinhos, sove bastante a massa, pelo menos durante uns 10 minutos.

- Na hora de deixar a massa descansar, prefira um lugar quente para que ela cresça bastante até dobrar de volume. Vale deixar dentro do forno convencional ou do micro-ondas, sem-

pre desligados. Cubra a massa com filme plástico enquanto deixa crescer. Isso evita que a massa resseque.

- Para saber se a massa já cresceu o suficiente, coloque uma bolinha de massa dentro de um copo com água fria. Quando subir à superfície, a massa está pronta.

- Varie a apresentação de pães simples, como o de fôrma, pincelando com uma gema levemente batida com um pouquinho de água e salpicando gergelim branco ou preto, sementes de girassol sem casca, orégano, queijo ralado, flocos de aveia grossos ou o que mais a sua imaginação inventar.

- Você também pode pincelar o pão com um pouquinho de leite. Esse truque confere ao pão uma casca mais dourada.

- Outro segredinho é colocar uma assadeira com água no assoalho do forno enquanto você assa os pães nas grades de cima. Isso cria um vapor dentro do forno que deixará o pão mais brilhante e com uma casquinha mais crocante.

- Para saber se o pão está assado, dê batidinhas de leve no fundo; se o som for oco, ele está pronto. Depois de assado, deixe o pão esfriar ligeiramente em cima de uma grelha.

Para bolos mais fofinhos

- Na hora de untar a fôrma, prefira pincéis culinários ou até a mão. Papéis absorventes deixam o recipiente lambuzado, mas retêm a maior parte da gordura. É sempre melhor untar com manteiga do que com óleo, pois este último cria uma casquinha gordurosa no bolo.

- Se a massa do bolo for escura, misture um pouco de chocolate em pó à farinha antes de enfarinhar a fôrma. Fazendo isso, você evita que o bolo fique com casquinha branca em volta.

- Peneire os ingredientes secos, como farinha, chocolate, fermento, bicarbonato de sódio e amido de milho.

- Preaqueça o forno por pelo menos 15 minutos. A temperatura deve ser de 180 °C. Se estiver muito alta ou baixa demais, o bolo certamente vai solar. E resista à tentação de abrir o forno antes de 30 minutos para o bolo não murchar.

- Nunca encha demais a fôrma. A massa deve ficar um pouco acima da metade.

- Use sempre a quantidade de fermento especificada na receita; pouco fermento impede que o bolo cresça, mas muito fermento faz a massa transbordar da fôrma e afundar.

- Para incrementar a receita, adicione nozes, castanhas, frutas secas, gotas ou pedacinhos de chocolates à massa. Procure passá-los na farinha de trigo antes, para que flutuem na massa em vez de afundar para a base do bolo.

- Use geleia diluída em água, calda ou suco de fruta ou legumes (como beterraba ou cenoura) para dar cor à massa e dar um toque especial ao bolo.

- Para um bolo mais molhadinho, a dica é utilizar guaraná, suco de laranja ou limão, leite ou achocolatado e até mesmo um chá forte. Faça furinhos com um palito no bolo ainda quente e regue com o líquido escolhido.

- Antes de utilizar o recheio, deixe-o na geladeira para que fique firme e não escorra pelas laterais do bolo. Espalhe uma camada uniforme e cubra com a outra parte do bolo. Leve de novo à geladeira antes de aplicar a cobertura.

Para salgadinhos saborosos

- A massa básica para salgadinhos é feita com farinha, sal, um tipo de gordura (óleo, manteiga, margarina) e um tipo de líquido (água ou leite). Esses ingredientes devem ser levados ao fogo baixo até a farinha cozinhar. E é preciso mexer sempre, sem parar, para a farinha não empelotar.

- Para enrolar, quanto mais quente estiver a massa, melhor para rechear e selar cada salgadinho. Por isso, não faça muitas receitas de massa para enrolar depois; se a massa esfriar, o salgadinho pode rachar ou estourar na hora da fritura. Quando você conseguir aguentar o calor nas mãos, abra uma porção de massa, alisando bem, recheie e modele.

- Espere o recheio esfriar completamente antes de empregar. Nas versões com queijo, prefira ralá-lo no ralador grosso em vez de usá-lo em pedaços. Certifique-se de não deixar ar dentro do salgadinho e de selá-lo completamente antes de empanar.

- Passe os salgadinhos por uma mistura de clara, água e uma pitada de sal e empane em farinha de rosca. Para salgadinhos mais fresquinhos e secos, deixe-os por algumas horas na geladeira antes de fritar.

- Frite os salgadinhos em imersão, ou seja, use bastante óleo, o suficiente para cobrir o salgadinho por inteiro. O óleo deve estar em temperatura média: nem muito alta que queime a casquinha sem aquecer o recheio, nem muito baixa que encharque o salgadinho. Frite poucas unidades por vez, para manter a temperatura constante.

- Os salgadinhos podem ser congelados antes de fritar. Coloque-os em uma assadeira e leve ao congelador até firmar; cerca de duas horas bastam. Depois, transfira-os para sacos plásticos e conserve-os por até 3 meses.

- Os salgadinhos assados devem ser arrumados na assadeira com pelo menos dois dedos de distância entre eles, pois a massa costuma levar fermento e eles crescem dentro do forno. Se quiser congelá-los, asse por apenas 10 minutos. Espere esfriar e leve ao congelador. A validade também é de 3 meses.

Para doces mais gostosos

- Use ingredientes frescos e em temperatura ambiente, a menos que a receita especifique outra coisa.

- Invista na decoração. Além do tradicional granulado e do açúcar de confeiteiro, experimente coco ralado e flocos de arroz para enrolar os docinhos. Em lojas especializadas, há opções de confeitos coloridos e com formatos variados como bolinhas pretas e brancas, miniconfetes, miçangas, estrelinhas, perolados... Use sua imaginação!

- Encante seus entes queridos ao transformar receitas conhecidas, como brigadeiro, beijinho e bicho de pé, em surpresas irresistíveis. Recheie o docinho com uva, morango, damasco, pedacinhos de bolo ou biscoito ou avelãs inteiras.

- Uma opção atraente para os olhos e também para o paladar é envolver os docinhos em calda caramelada, o que dá um toque refinado e elegante ao docinho de todo dia. Passe o docinho pela calda ainda quente e deixe descansar sobre papel-manteiga.

- Varie a apresentação, oferecendo os docinhos em versão copinho ou potinho. Utilize um saco de confeiteiro ou uma bisnaga para preencher o recipiente escolhido. Desse jeito, você evita sujar as bordas e faz uma apresentação mais bonita.

Para lindos bem-casados

- A massa fofa e aerada deve ser levada ao forno o mais rápido possível. Evite demorar muito para assá-la, assim os discos de massa ficarão fofos e macios depois de assados.

- Cuidado com o ajuste do tempo de forno. Em poucos minutos, os discos de massa ressecam demais e viram biscoitinhos. Em equipamentos mais potentes, o tempo de forno pode ser menor.

- Para preparar o doce de leite, cozinhe a lata de leite condensado na panela de pressão. Retire o rótulo, coloque a lata dentro da panela e cubra com água. Leve ao fogo alto até a panela começar a chiar. Então, reduza para fogo baixo

e conte 40 minutos. Desligue o fogo e espere a pressão sair naturalmente. Abra a panela e retire a lata com cuidado. Espere esfriar completamente antes de abrir a lata e utilizar o doce.

- A calda fica mais fácil de ser manuseada se estiver morna. Você pode deixá-la aquecida em banho-maria para facilitar o banho dos bem-casados.

- O bem-casado pode ser mantido em congelador por até 3 meses, desde que não tenha sido finalizado com a cobertura (calda de açúcar). Depois de descongelar em temperatura ambiente (nunca no micro-ondas) e de receber a calda, deve ser consumido em até 3 dias.

- Antes de embalar, prepare o papel, cortando papel-celofane e crepom em quadrados de 20 cm. Depois de secos, embrulhe os doces primeiro com celofane, depois com o crepom. Arremate com um laço de fita.

Para trufas mais macias

- A base para a maioria das trufas é a ganache, uma combinação de chocolate e creme de leite fresco na proporção de 2 para 1 (considerando o peso). O segredo é usar ingredientes de ótima qualidade e deixar a ganache descansar um pouco antes de modelar.

- Para preparar uma receita básica e fácil, pique o chocolate e coloque em uma tigela. Aqueça o creme de leite e despeje por cima. Deixe sem mexer por 2 minutos. Passado esse tempo, misture delicadamente até todo o chocolate derreter.

- As trufas têm, em média, validade de 7 dias; se levarem bebida alcoólica, podem durar até 15 dias. Elas podem ser congeladas por até 3 meses, sem cobertura nenhuma. Descongele em geladeira por 4 horas e depois passe pelo chocolate em pó.

Para bombons apetitosos

- Para fazer a casquinha dos bombons, coloque uma colherada do chocolate derretido em cada cavidade da forminha e dê leves batidinhas para que o chocolate se acomode. Isso também serve para eliminar eventuais bolhas de ar que podem prejudicar o aspecto do bombom. Leve à geladeira por 5 minutos. Se for preciso, repita esse procedimento até obter uma casquinha firme o suficiente para conter o recheio, mas não muito grossa e dura; umas 3 ou 4 vezes devem bastar. Esse número varia de acordo com as condições de cada cozinha, mas com a prática você pega o jeito.

- Amiguinha, chocolate só gruda em chocolate; lembre-se disso sempre que estiver recheando as forminhas de bombons. Ou seja, não preencha completamente a cavidade da fôrma com recheio; deixe espaço para que o chocolate derretido que formará a base do bombom possa grudar na parede do bombom. Sem esse cuidado, é provável que o bombom se desmonte à primeira mordida e o recheio escape por baixo.

- Se sobrar cobertura, não desperdice! Use para decorar os bombons, fazendo desenhos e listras sobre cada um depois que a casquinha estiver firme.

Receitas básicas

Amiguinhos e amiguinhas, algumas receitas a gente tem que saber de cor, na ponta da língua, ou melhor, da colher! Depois que vocês aprenderem estas daqui, é só usar a imaginação e obter novos sabores todos os dias.

Massa para quiche

2 xícaras de farinha de trigo
4 colheres (sopa) de manteiga ou margarina
½ lata de creme de leite
½ colher (chá) de sal
1 colher (chá) de fermento químico em pó

Em uma tigela grande, despeje metade da farinha e o restante dos ingredientes e misture com a mão. Junte o restante da farinha aos poucos e misture até dar liga e formar uma massa homogênea. Transfira para uma superfície lisa enfarinhada e sove por alguns minutos. Divida a massa em duas partes. Abra uma delas com o rolo e forre o fundo de uma fôrma de fundo falso. Fure a massa com um garfo para que não estufe en-

quanto assa. Faça rolinhos com o restante da massa e forre as laterais, cobrindo bem. Leve ao forno pré-aquecido e asse por 20 minutos, sem deixar dourar muito. Retire do forno e espere esfriar bem antes de colocar o recheio.

Massa para torta doce

2 xícaras de farinha de trigo
2 colheres (sopa) de açúcar
½ colher (sopa) de fermento químico em pó
2 gemas
150 g de manteiga ou margarina
  em temperatura ambiente

Em uma tigela, despeje metade da farinha, o açúcar e o fermento e misture bem. Junte as gemas ligeiramente batidas e a manteiga e misture novamente, desta vez com a mão, até formar uma farofa grossa. Junte o restante da farinha aos poucos até formar uma massa lisa. Transfira para uma superfície lisa e sove por alguns minutos. Abra a massa com a ponta dos dedos sobre uma fôrma de fundo falso, alisando com as costas de uma colher. Fure a massa com um garfo, para não estufar enquanto assa. Coloque a fôrma dentro de outra assadeira e leve ao forno a 180 °C por 20-25 minutos. Retire a massa do forno e deixe esfriar completamente antes de colocar o recheio.

Massa para salgadinhos fritos

100 g de manteiga ou margarina
1 cebola média sem casca ralada
1 litro de leite fervido
1 vidro pequeno de leite de coco
½ colher (chá) de sal
pimenta-do-reino e noz-moscada a gosto
3 gemas batidas
1 lata de creme de leite
500 g de farinha de trigo
2 ovos batidos
1 xícara de farinha de rosca

Leve uma panela grande ao fogo baixo, aqueça a manteiga e refogue a cebola. Junte o leite, o leite de coco e o sal. Tempere com pimenta e noz-moscada e aumente para fogo alto. Acrescente as gemas e o creme de leite e continue misturando, até começar a ferver. Abaixe o fogo e despeje a farinha aos poucos, com cuidado, até incorporar e formar uma massa homogênea. Desligue o fogo e transfira a massa para uma superfície lisa untada com óleo. Sove a massa até esfriar.

Divida a massa em pequenas porções, recheie e feche bem. Passe pelo ovo batido e depois pela farinha de rosca antes de fritar em óleo bem quente.

Massa para salgadinhos assados

1 xícara de leite
1 xícara de óleo
1 xícara de água
½ colher (chá) de sal
100 g de fermento biológico
uma pitada de açúcar
1 kg de farinha de trigo

Em uma panela grande, coloque o leite, o óleo, a água e o sal e leve ao fogo alto até esquentar, sem ferver. Enquanto isso, misture em uma tigelinha o fermento biológico com o açúcar e mexa até dissolver. Retire a panela do fogo e acrescente o fermento. Em seguida, despeje a farinha de trigo aos poucos, com cuidado, mexendo primeiro com uma colher e depois com a mão, até a massa soltar dos dedos. Cubra e deixe descansar por 1 hora. Passado esse tempo, separe pequenas porções de massa e recheie. Disponha os salgados em assadeiras untadas e enfarinhadas. Pincele com gema ligeiramente batida por cima e asse por 20-25 minutos (dependendo do salgado) em forno preaquecido.

Ganache de chocolate

400 g de chocolate meio amargo picado
1 xícara de creme de leite fresco

Coloque o chocolate em uma tigela refratária e reserve. Despeje o creme de leite em uma panela pequena e leve ao fogo alto até ferver. Desligue o fogo e, com cuidado, despeje sobre o chocolate. Mexa até misturar bem e ficar homogêneo. Utilize como cobertura de bolo, recheio de tortas ou para fazer trufas rápidas e fáceis.

Pão de ló

10 ovos, claras e gemas separadas
3 xícaras de farinha de trigo
1 colher (chá) de fermento químico em pó
3 xícaras de açúcar

Unte com manteiga duas assadeiras médias, forre o fundo com papel-manteiga também untado e polvilhe com farinha de trigo. Coloque as claras em uma tigela e bata em neve até obter picos firmes. Depois, com uma espátula, incorpore delicadamente à mão a farinha e o fermento, fazendo movimentos circulares de baixo para cima. Reserve. Em outra tigela, bata as gemas até começar a espumar. Adicione o açúcar e bata por mais 5 minutos, até obter um creme fofo. Acrescente as gemas à mistura de claras e farinha e incorpore-as delicadamente. Divida a massa entre as assadeiras preparadas, leve ao forno preaquecido e asse por 30 minutos.

Chantili

1 litro de creme de leite fresco bem gelado
1 xícara (chá) de açúcar
1 colher (café) de essência de baunilha

Deixe no congelador o creme de leite fresco, uma tigela metálica e os batedores da batedeira por 20 minutos antes de começar o preparo. Coloque o creme de leite fresco, o açúcar e a essência de baunilha na tigela gelada e bata até obter um creme bem leve, fofo e que não caia das pás. Pare de bater quando isso acontecer, para não virar manteiga.

Marshmallow

⅓ de xícara de água
3 xícaras de açúcar
12 claras

Coloque a água e o açúcar em uma panela e misture. Leve ao fogo até ferver e cozinhe por 5 minutos. Enquanto isso, bata as claras em neve até obter picos bem firmes. Desligue o fogo e despeje a calda aos poucos sobre as claras, batendo sempre, até esfriar e se transformar em um merengue firme e brilhante.

Tabela de conversão de medidas

ingrediente	1 xícara (chá)	1 colher (sopa)	1 colher (chá)
açúcar	180 g	12 g	4 g
açúcar mascavo	150 g	10 g	3,5 g
amido de milho	150 g	9 g	3 g
arroz	160 g	10 g	3,5 g
chocolate em pó	90 g	6 g	2 g
farinha de mandioca	180 g	20 g	7 g
farinha de rosca	150 g	11 g	4 g
farinha de trigo	120 g	7,5 g	2,5 g
feijão	160 g		
líquidos em geral	240 ml	15 ml	5 ml
manteiga	200 g	12 g	4 g
mel	300 g	18 g	6 g
sal		16 g	5 g

- Para medir ingredientes líquidos, coloque o medidor em lugar nivelado e sempre veja na altura dos olhos. No caso de colheres, preencha até a borda sem derramar.

- Para medir ingredientes secos, não aperte o ingrediente na xícara (a única exceção é o açúcar mascavo). Nivele com uma faca, tirando o excesso.

- Para medir gorduras sólidas como gordura vegetal, banha, manteiga ou margarina, aperte bem a xícara até a borda para não deixar espaço vazio. Fica mais fácil medir esse tipo de ingrediente se ele estiver em temperatura ambiente em vez de gelado.

Tortas salgadas

Torta de alho-poró

 1 hora   ◎ 10 porções

INGREDIENTES

Massa
3 xícaras de farinha de trigo
½ xícara de margarina
½ xícara de queijo parmesão ralado
½ colher (sopa) de sal
3 ovos ligeiramente batidos
1 colher (sopa) de fermento químico em pó
1 xícara de água

Recheio
3 colheres (sopa) de azeite
200 g de bacon
1 cebola
2 alhos-porós cortados em rodelas finas
1 lata de ervilha escorrida
1 caixinha de creme de leite
1 pacote de mistura para sopa cremosa de queijo
1 xícara de leite
sal e pimenta-do-reino a gosto

gema para pincelar

PREPARO

Comece pelo recheio. Aqueça o azeite numa frigideira e frite o bacon. Junte a cebola e o alho-poró. Acrescente a ervilha, o creme de leite e a mistura para sopa de queijo dissolvida no leite. Tempere com sal e pimenta. Mexa a cada ingrediente adicionado. Desligue o fogo e reserve. Para preparar a massa, em um recipiente, coloque a farinha (reserve um pouco), a margarina, o queijo, o sal, o ovo batido e o fermento. Misture para agregar todos os ingredientes. Junte a água aos poucos e mexa com as mãos até obter uma massa que não grude nos dedos; se necessário, utilize a farinha reservada. Sove a massa sobre uma superfície enfarinhada e divida-a em duas partes. Abra uma das partes da massa com o rolo e coloque-a numa assadeira retangular, untada e enfarinhada. Empregue o recheio. Abra o restante da massa e cubra a torta. Pincele com a gema e leve ao forno preaquecido a 200 °C por 30 minutos.

Torta enrolada de frios

 1 hora   10 fatias

INGREDIENTES

Massa
2 xícaras de farinha de trigo
2 colheres (sopa) de manteiga ou margarina em
  temperatura ambiente
2 gemas batidas

Recheio
100 g de presunto fatiado
100 g de mortadela fatiada
100 g de queijo mozarela fatiado
1 cebola ralada
½ xícara de azeitonas pretas
¼ de xícara de salsinha picada
¼ de xícara de cebolinha picada
1 colher (sopa) de orégano
sal a gosto

gema para pincelar
queijo ralado para polvilhar

PREPARO

Em um recipiente, misture com a ponta dos dedos a farinha de trigo, a manteiga e as gemas. Acrescente água filtrada aos poucos para dar o ponto na massa. Se ficar muito mole, acrescente um pouco mais de farinha. Transfira para uma superfície lisa e enfarinhada e sove por alguns minutos. Deixe descansar por 15 minutos. Use o rolo para abrir a massa bem fininha sobre um pedaço de plástico; isso ajuda na hora de enrolar e de colocar na assadeira. Faça camadas com os frios fatiados. Misture a cebola, a azeitona, as ervas e o sal e espalhe sobre o recheio. Enrole com cuidado e dobre as pontas para o recheio não escapar. Coloque em assadeira retangular forrada com papel-alumínio. Pincele com a gema e polvilhe com o queijo ralado. Leve ao forno preaquecido a 180 °C por 20 a 30 minutos, até dourar.

Torta folhada de escarola com queijo

 2 horas   ⊚ 12 fatias

INGREDIENTES

2 maços de escarola fatiados
2 colheres (sopa) de azeite
2 cebolas picadas
1 dente de alho picado
sal e pimenta a gosto
2 ovos
½ lata de creme de leite
200 g de queijo meia cura em cubos
300 g de massa folhada

gema para pincelar
queijo ralado para polvilhar

PREPARO

Escalde a escarola em água fervente com um pouco de sal. Escorra e esprema bem para sair o excesso de água. Em uma panela, aqueça o azeite e refogue a cebola e o alho. Junte a escarola e tempere a gosto. Cozinhe por 2 minutos e desligue o fogo. Em uma vasilha, bata os ovos e o creme de leite e acrescente os cubos de queijo. Abra a massa seguindo as instruções da embalagem e divida em duas partes. Use uma delas para forrar o fundo e as laterais de uma fôrma retangular ou quadrada média. Empregue o recheio já frio e cubra com a outra parte da massa. Pressione as laterais para selar bem. Pincele com a gema e polvilhe com o queijo ralado. Leve ao forno preaquecido a 200 °C e asse por 40 minutos ou até dourar.

Torta de carne com banana

 2 horas   12 fatias

INGREDIENTES

Massa
2 xícaras de farinha de trigo
½ xícara de manteiga gelada
sal a gosto

Recheio
500 g de carne moída
2 cebolas picadas
4 dentes de alho picados
5 fatias de bacon picadas
1 colher (chá) de sal
1 colher (chá) de canela
pimenta-do-reino a gosto
3 colheres (sopa) de manteiga
1 xícara de água
¼ de xícara de farinha de trigo
8 bananas-da-terra fatiadas
¼ de xícara de farinha de rosca

gema para pincelar

PREPARO

Coloque a farinha, a manteiga e o sal em uma tigela e misture até obter uma farofa. Despeje água gelada (cerca de 2 colheres de sopa) aos poucos até dar liga. Amasse com as mãos, formando uma bola. Cubra com filme plástico e deixe na geladeira por 30 minutos. Enquanto isso, refogue a carne moída com a cebola, o alho e o bacon. Tempere com o sal, a canela e pimenta a gosto. Cozinhe até secar o caldo e dourar, mexendo às vezes. Em outra panela, derreta a manteiga, junte a água e a farinha de trigo e mexa até ferver. Despeje esse creme sobre a carne e misture bem. Em outra frigideira untada com manteiga, doure a banana e reserve. Abra a massa sobre uma fôrma de fundo falso, cobrindo o fundo e as laterais. Apare as sobras. Polvilhe a farinha de rosca. Espalhe o recheio de carne e por cima a banana. Abra novamente o que sobrou da massa e cubra com ela o empadão. Pressione a borda para fechar bem e pincele com a gema. Leve ao forno preaquecido a 200 °C e asse por 40 minutos.

Torta folhada de salsicha acebolada

 30 minutos   8 fatias

INGREDIENTES

400 g de massa folhada para torta
400 g de salsichas
3 cebolas em rodelas fininhas
1 colher (sopa) de salsinha
1 colher (sopa) de cebolinha
1 colher (sopa) de manjericão
sal e pimenta a gosto
gema para pincelar
gergelim para polvilhar

PREPARO

Abra a massa de acordo com as instruções da embalagem e transfira para uma assadeira. Corte as salsichas ao meio no sentido do comprimento. Faça camadas de salsicha e cebola sobre a massa, salpicando as ervas entre elas. Tempere com sal e pimenta. Dobre as laterais da massa para dentro e enrole como um rocambole. Pincele com a gema e polvilhe com o gergelim. Leve ao forno preaquecido a 200 °C e asse por 40 minutos, até dourar.

Torta de linguiça defumada com batata

 2 horas    10 fatias

INGREDIENTES

1 colher (sopa) de óleo
300 g de linguiça defumada em rodelas
2 alhos-porós em rodelas
2 batatas cozidas em cubinhos
2 cenouras cozidas em cubinhos
1 pimentão vermelho cozido em cubos
sal e pimenta a gosto
4 ovos
4 colheres (sopa) de creme de leite
1 colher (sopa) de salsa picada
250 g de massa folhada para torta
150 g de queijo coalho em cubos

PREPARO

Aqueça o óleo e refogue a linguiça e o alho-poró. Junte a batata, a cenoura e o pimentão e tempere com sal e pimenta. Cozinhe por 3 minutos e desligue. Bata os ovos e o creme de leite no liquidificador. Desligue e junte a salsinha, misturando com uma colher. Forre o fundo e as laterais de uma fôrma de 22 cm de diâmetro com a massa folhada. Cubra com a mistura de linguiça e legumes já fria e despeje por cima a mistura de ovos. Espalhe o queijo por toda a superfície. Leve ao forno preaquecido a 180 °C e asse por 35 minutos ou até dourar.

Torta de brócolis e sardinha

 1h30   10 fatias

INGREDIENTES

Massa
2 xícaras de farinha de trigo
200 g de margarina
3 colheres (sopa) de vinho branco
2 gemas
sal a gosto

Recheio
2 colheres (sopa) de margarina
3 colheres (sopa) de cebola ralada
3 colheres (sopa) de farinha de trigo
1 xícara de leite
2 latas de filé de sardinha em óleo vegetal
  escorrido
1 maço de brócolis (só os buquês)
  aferventado
sal a gosto
3 colheres (sopa) de queijo ralado

PREPARO

Coloque todos os ingredientes da massa em uma tigela e misture bem até obter uma massa lisa. Faça uma bola e leve à geladeira por 20 minutos. Em uma panela, derreta a margarina e refogue a cebola. Junte a farinha de trigo, mexendo sempre. Acrescente o leite, mexendo sempre, e cozinhe até engrossar. Retire do fogo, junte a sardinha, os brócolis e acerte o sal. Abra a massa e forre com ela o fundo e a lateral de uma fôrma de fundo falso. Fure o fundo com um garfo. Leve ao forno preaquecido a 180 °C e asse por 15 minutos. Espere esfriar antes de empregar o recheio (também já frio). Polvilhe com o queijo ralado e leve de volta ao forno para assar por 20 minutos.

Empadão de quatro queijos

🕐 2 horas   ◎ 10 fatias

INGREDIENTES

Massa
3 xícaras de farinha de trigo
150 g de margarina gelada
1 colher (chá) de sal
1 colher (chá) de fermento químico em pó
1 ovo

Recheio
1 xícara de queijo meia cura ralado grosso
1 xícara de ricota amassada
½ xícara de queijo prato ralado grosso
½ xícara de queijo parmesão ralado
2 colheres (sopa) de salsinha picada
2 colheres (sopa) de cebolinha picada
sal, pimenta-do-reino e noz-moscada ralada a gosto
2 ovos levemente batidos

gema para pincelar

PREPARO

Coloque a farinha, a margarina, o sal e o fermento em uma tigela e misture até obter uma farofa. Junte o ovo e despeje água gelada aos poucos até dar liga (cerca de 2 colheres de sopa). Amasse com as mãos, formando uma bola. Cubra com filme plástico e deixe na geladeira por 30 minutos. Enquanto isso, coloque todos os ingredientes do recheio em uma vasilha e misture bem para pegar gosto. Abra a massa e use dois terços para cobrir o fundo e a lateral de uma fôrma de fundo removível de 20 cm de diâmetro. Apare as sobras. Empregue o recheio e cubra com o restante da massa. Pincele com a gema. Use as sobras de massa para decorar a torta e pincele com mais gema. Leve ao forno preaquecido a 180 °C e asse por 40 minutos, até dourar.

Torta de atum e azeitonas

 55 minutos 10 fatias

INGREDIENTES

Massa
2½ xícaras de farinha de trigo
1 xícara de manteiga em temperatura ambiente
½ xícara de água gelada
sal a gosto

Recheio
2 latas de atum sólido escorrido
1 cebola picada
3 pimentas dedo-de-moça sem sementes
2 colheres (sopa) de creme de leite
pimenta-do-reino a gosto
2 ovos, claras e gemas separadas
sal a gosto
½ xícara de azeitonas picadas
cebolinha picada a gosto

PREPARO

Comece pela massa. Em um recipiente, coloque a farinha de trigo e a manteiga e misture com um garfo. Aos poucos, adicione a água gelada. Acrescente o sal e misture com as mãos. Abra a massa com a mão sobre uma superfície enfarinhada e forre o fundo e as bordas de uma assadeira redonda de aro removível. Com o auxílio de um garfo, fure o fundo da massa. Depois, coloque a massa para assar em forno preaquecido a 180 °C por cerca de 10 minutos; não deixe dourar muito. Retire do forno e reserve. Faça o recheio: em um recipiente, misture o atum e a cebola picada. Junte a pimenta dedo-de-moça picada, o creme de leite e a pimenta-do-reino e misture bem. Reserve. Bata as claras em neve na batedeira e adicione as gemas e o sal. Deixe bater por 2 minutos. Em seguida, adicione essa mistura ao atum e mexa delicadamente. Despeje esse recheio na fôrma da massa e espalhe as azeitonas picadas por cima. Acrescente a cebolinha. Em seguida, leve de volta ao forno a 180 °C por 20 minutos. Desenforme e decore com folhas de alface. Sirva quente.

Torta cremosa de palmito

 1h10   ◎ 10 fatias

INGREDIENTES

Massa
2 xícaras de farinha de trigo
¾ de xícara de manteiga
1 colher (chá) de sal
1 gema
1 pote de iogurte natural

Recheio
3 colheres (sopa) de azeite
1 cebola picada
1 tomate sem pele e sem sementes picado
500 g de palmito picado
1 lata de ervilha escorrida
½ xícara de azeitonas verdes picadas
sal e pimenta-do-reino a gosto
180 g de requeijão cremoso
cheiro-verde picado a gosto
1 colher (sopa) de farinha de trigo

gema para pincelar

PREPARO

Faça a massa: em um recipiente, coloque a farinha de trigo (reserve uma pequena quantidade), a manteiga, o sal, a gema e o iogurte. Misture com as mãos e, se necessário, utilize a farinha reservada para dar o ponto. Cubra a massa com um pano limpo e deixe descansar por 15 minutos. Prepare o recheio: aqueça o azeite numa panela e refogue a cebola até ficar transparente. Depois, junte o tomate e frite por 2 minutos, mexendo sempre. Adicione então o palmito, a ervilha e as azeitonas. Tempere com sal e pimenta e refogue mais um pouco. Acrescente o requeijão cremoso, o cheiro-verde e a farinha e cozinhe por alguns minutos. Em seguida, transfira a mistura para uma vasilha e reserve. Divida a massa reservada em duas partes. Abra uma delas com auxílio de um rolo e coloque-a numa assadeira redonda de aro removível. Sobre ela, coloque o recheio já frio. Abra o restante da massa com o rolo e cubra a torta. Pincele a superfície com a gema e leve para assar em forno preaquecido a 180 °C por 35 minutos.

Torta fria de peru defumado e maçã

 1 hora  12 fatias

INGREDIENTES

Recheio
400 g de peito de peru defumado em cubos
1 maçã sem casca em cubos
1 xícara de salsão picado
1 xícara de maionese
1 xícara de amendoim torrado sem pele
1 colher (chá) de sal
1½ colher (sopa) de suco de limão

Massa
1½ xícara de farinha de trigo
100 g de margarina gelada em cubinhos
½ colher (chá) de sal

PREPARO

Misture todos os ingredientes do recheio, cubra e deixe na geladeira por 2 horas. Em outra tigela, coloque os ingredientes da massa e misture com a ponta dos dedos até obter uma farofa grossa. Despeje água gelada aos poucos, até dar liga (cerca de 3 colheres de sopa). Amasse com as mãos até formar uma bola. Embrulhe em filme plástico e deixe na geladeira por 15 minutos. Depois, abra a massa com um rolo sobre uma fôrma de fundo falso de 26 cm de diâmetro, cobrindo as laterais. Fure tudo com um garfo e cubra com papel-alumínio. Leve ao forno preaquecido a 180 °C e asse até ficar firme, cerca de 20 minutos. Tire o papel-alumínio e asse até dourar, cerca de 15 minutos. Deixe esfriar antes de empregar o recheio.

Torta de frango com requeijão cremoso

🕐 1h15   ◎ 10 fatias

INGREDIENTES

Massa
3 xícaras de farinha de trigo
1 xícara de margarina em temperatura
  ambiente
1 ovo
sal a gosto

Recheio
1 peito de frango grande desossado
1 tablete de caldo de galinha
3 colheres (sopa) de azeite
1 cebola picada
2 tomates picados sem pele e sem
  sementes
1 lata de milho verde escorrido
½ xícara de cheiro-verde picado
½ xícara de azeitonas verdes picadas
200 g de requeijão cremoso
sal a gosto
1 colher (sopa) de farinha de trigo
  (opcional)

gema para pincelar

PREPARO

Comece pelo recheio: cozinhe o peito de frango com o tablete de caldo de galinha. Escorra e deixe esfriar. Em uma panela, aqueça o azeite e frite a cebola e o tomate. Junte o peito de frango previamente desfiado, o milho, o cheiro-verde, as azeitonas, o requeijão e o sal. Misture até agregar todos os ingredientes. Se desejar um recheio mais consistente, acrescente a farinha de trigo. Reserve até esfriar. Prepare a massa: em um recipiente, coloque a farinha (reserve um pouco), a margarina, o ovo e o sal. Misture com as mãos até a massa não grudar nos dedos (se necessário, acrescente a farinha reservada). A seguir, sove a massa sobre uma superfície enfarinhada até ficar homogênea. Deixe descansar por 15 minutos. Depois, abra a massa sobre uma superfície enfarinhada e divida-a em duas partes. Abra uma das partes da massa com o rolo e coloque-a numa fôrma redonda de aro removível, untada e enfarinhada. Empregue o recheio, abra o restante da massa e cubra a torta. Pincele a superfície da torta com a gema e leve ao forno preaquecido a 180 °C por cerca de 30 minutos.

Dica: capriche na decoração das tortas, pois, como você sabe, a gente começa a comer com os olhos. Faça um trançado de massa para cobrir o recheio ou recorte motivos nas sobras de massa e grude-os à superfície com gema pincelada.

Empadão de abobrinha

🕐 1 hora ◎ 12 fatias

INGREDIENTES

Massa
2½ xícaras de farinha de trigo
¾ de xícara de manteiga gelada em cubinhos
1 colher (chá) de sal

Recheio
1 cebola grande picada
4 dentes de alho picados
6 fatias de bacon picadas
12 fatias de pão de fôrma sem casca trituradas
1 colher (sopa) de manjericão picado
2 colheres (sopa) de vinagre
5 abobrinhas médias em rodelas
1 colher (sopa) de sal

gema para pincelar

PREPARO

Coloque a farinha, a manteiga e o sal em uma tigela e misture até obter uma farofa. Despeje água gelada aos poucos até dar liga (cerca de meia xícara). Amasse com as mãos, formando uma bola. Cubra com filme plástico e reserve na geladeira. Enquanto isso, refogue a cebola, o alho e o bacon por 5 minutos. Junte o pão, o manjericão e o vinagre e mexa. Retire do fogo e adicione a abobrinha e o sal. Abra a massa com um rolo e cubra o fundo e as laterais de uma fôrma de fundo falso de 27 cm de diâmetro. Apare as sobras. Empregue o recheio de abobrinha já frio. Abra a massa restante e cubra a torta, decorando a gosto. Pressione as bordas para grudar bem e pincele com a gema. Leve ao forno preaquecido a 180 °C e asse por 55 minutos, até dourar.

Pastelão de calabresa

INGREDIENTES

Massa
3½ xícaras de farinha de trigo
4 colheres (sopa) de manteiga ou margarina em temperatura ambiente
1 colher (chá) de sal
½ colher (chá) de fermento em pó
1 lata de creme de leite

Recheio
500 g de linguiça calabresa
2 colheres (sopa) de óleo
1 cebola picada
1 tomate picado
1 lata de ervilha escorrida
½ xícara de azeitona picada
1 colher (sopa) de orégano
sal e pimenta a gosto
1 colher (sopa) de farinha de trigo

gema para pincelar

PREPARO

Remova a pele da linguiça e pique a carne grosseiramente. Aqueça o óleo em uma panela e frite a linguiça por 2 ou 3 minutos. Junte a cebola, o tomate, a ervilha e a azeitona, misturando a cada adição. Acrescente o orégano e tempere com sal e pimenta. Cozinhe por 5 minutos e adicione a farinha. Mexa mais uma vez para agregar tudo e retire do fogo. Deixe esfriar completamente antes de usar. Para a massa, reserve um pouco da farinha e coloque todos os ingredientes em uma tigela grande. Misture com a ponta dos dedos; se necessário, utilize a farinha reservada para dar o ponto. Sove a massa sobre uma superfície enfarinhada e deixe descansar por 10 minutos. Depois, divida em duas partes. Abra com o rolo e forre o fundo e a lateral de uma assadeira redonda de fundo removível; não precisa untar. Espalhe o recheio, cubra com a outra parte da massa e pincele com a gema. Leve ao forno preaquecido a 180 °C e asse por cerca de 25 minutos, até dourar.

Torta caipira com frango

 1h10 ⊙ 10 fatias

INGREDIENTES

Massa
500 g de farinha de trigo
3 colheres (sopa) de manteiga
1 colher (sopa) de banha ou de gordura vegetal
3 ovos
1 colher (sopa) de fermento químico em pó
1 colher (sopa) de sal
6 colheres (sopa) de água gelada

Recheio
1 kg de peito de frango desossado cozido
2 colheres (sopa) de salsinha picada
1 folha de louro
sal e pimenta-do-reino a gosto
4 colheres (sopa) óleo
1 cebola grande picada
2 dentes de alho picados
4 tomates maduros sem pele e sem sementes picados
1 lata de milho escorrido
½ xícara de azeitonas verdes picadas
3 colheres (sopa) de farinha de trigo

gema para pincelar

PREPARO

Prepare o recheio: cozinhe o peito de frango com a salsinha, a folha de louro e um pouco de sal e pimenta. Reserve 2 xícaras da água do cozimento e deixe o frango amornar. Depois, desfie a carne. Aqueça o óleo numa panela e refogue a cebola e o alho. Adicione o tomate e o peito de frango desfiado. Adicione o caldo reservado e misture bem. Junte o milho, as azeitonas e a farinha de trigo. Misture novamente e deixe esfriar. Faça a massa: em uma tigela, junte a farinha, a manteiga, a banha, os ovos, o fermento, o sal e um pouco de água gelada. Amasse bem para agregar. Deixe descansar por cerca de 1 hora. Depois, abra metade da massa com o auxílio de um rolo. Forre uma fôrma de aro removível com a massa, cortando-a junto às bordas da fôrma. Espalhe o recheio dentro dela. Abra a outra metade da massa e cubra a torta. Pincele com a gema e leve para assar em forno pre-aquecido a 180 °C por cerca de 40 minutos, até ficar bem dourada. Deixe esfriar para desenformar.

Pães caseiros

Ciabatta

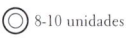 1h10   8-10 unidades

INGREDIENTES

2 tabletes de fermento biológico fresco
½ colher (sopa) de sal
3 xícaras de água morna
1 kg de farinha de trigo
2 colheres (sopa) de açúcar
2 colheres (sopa) de leite em pó
2 colheres (sopa) de margarina
farinha de trigo para polvilhar

PREPARO

Coloque o fermento esfarelado e o sal numa tigela média. Misture até obter um líquido. Junte a água morna ao fermento dissolvido, mexa e reserve. Em uma tigela grande, coloque a farinha (reserve um pouco), o açúcar, o leite em pó e a margarina. Misture bem. Acrescente o fermento reservado e misture com as mãos até obter uma massa que não grude nos dedos; se necessário, adicione a farinha reservada. Sove a massa sobre uma superfície enfarinhada, até que ela fique homogênea e macia. Deixe descansar por 20 minutos, coberta, em lugar abafado. Passado o tempo, abra porções da massa com um rolo e modele as ciabattas do tamanho que desejar. Acomode as ciabattas numa assadeira retangular untada e enfarinhada, afastadas uma da outra, cubra com um pano e espere que dobrem de volume (cerca de 40 minutos). Depois, polvilhe um pouco de farinha de trigo sobre elas e leve para assar em forno preaquecido a 150 °C por 15 minutos. Em seguida, suba a temperatura do forno para 180 °C e deixe assar até dourar.

Dica: se quiser ciabatta folhada, ao estender cada pedaço de massa, espalhe um pouco de margarina sobre ele, enrole e siga as instruções acima.

Croissant

 1h20  35-40 unidades

INGREDIENTES

4 xícaras de farinha de trigo, mais 2 colheres (sopa)
250 g de margarina
2 tabletes de fermento biológico fresco
1 colher (chá) de sal
1 xícara de leite morno
1 colher (chá) rasa de raspas de limão
1 colher (sopa) de manteiga
2 ovos ligeiramente batidos
gema para pincelar

PREPARO

Coloque as 2 colheres (sopa) de farinha e a margarina numa vasilha e misture até obter uma pasta. Reserve na geladeira por 20 minutos. Junte o fermento e o sal numa tigela pequena e misture até obter um líquido. Acrescente o leite morno, mexa e reserve. Em uma vasilha grande, coloque o restante da farinha (reserve um pouco), as raspas de limão, a manteiga, o ovo batido e o fermento reservado. Misture com as mãos até a massa não grudar nos dedos; se necessário, utilize a farinha reservada. Sove a massa sobre uma superfície enfarinhada, até ficar homogênea e macia. Divida a massa em duas partes. Abra uma parte com o rolo e espalhe a pasta de margarina reservada sobre ela. Dobre a massa e passe outra vez o rolo delicadamente para não vazar a pasta. Repita esse procedimento mais uma vez e depois faça o mesmo com a outra parte da massa. Modele os croissants com cortador próprio ou corte a massa em triângulos com uma faca. Enrole-os começando pela parte maior. Coloque os croissants numa assadeira retangular untada e enfarinhada e pincele com a gema. Quando os croissants dobrarem de volume, leve-os para assar em forno preaquecido a 180 °C por 20 minutos. Depois, aumente a temperatura do forno para 200 °C e deixe assar por mais 10 minutos.

Pão integral

 1h20 ◎ 2 unidades

INGREDIENTES

4 tabletes de fermento biológico fresco
3 colheres (sopa) de açúcar
2¼ xícaras de leite
3 xícaras de farinha de trigo
⅔ de xícara de manteiga em temperatura ambiente
1 colher (sopa) de sal
4 xícaras de farinha de trigo integral

PREPARO

Junte na tigela da batedeira o fermento, o açúcar e o leite e bata até dissolver bem. Acrescente 1 xícara de farinha de trigo, misture, cubra e deixe descansar até formar bolhas. Em uma tigela, misture a manteiga, o sal e metade das duas farinhas. Bata até que a massa fique lisa. Amasse com as mãos, acrescentando aos poucos o restante de farinha. Cubra e deixe crescer até dobrar de volume. Com o punho, abaixe a massa, para evitar que se formem bolhas. Divida-a em duas partes, coloque em assadeiras para pão de fôrma e cubra com papel-alumínio. Deixe crescer por cerca de 30 minutos ou até dobrar de volume. Leve para assar em forno preaquecido a 150 °C por aproximadamente 40 minutos.

Dica: o pão integral pode ser enriquecido com flocos de aveia, linhaça moída ou gergelim tostado para ficar ainda mais saudável.

Pão italiano

 1h20   1 unidade

INGREDIENTES

Esponja
2 tabletes de fermento biológico fresco
½ colher (chá) de sal
1 xícara de água morna
100 g de farinha de trigo

Massa
1 kg de farinha de trigo
1 colher (sopa) de açúcar
2 colheres (sopa) de margarina
2 ovos ligeiramente batidos
1 xícara de leite

PREPARO

Para fazer a esponja, junte, numa tigela grande, o fermento esfarelado e o sal. Misture até obter um líquido. Em seguida, adicione a água morna e a farinha de trigo. Mexa e deixe levedar (crescer) coberta com um pano, em lugar abafado. Passado o tempo da levedação, prepare a massa: em uma tigela grande, coloque a farinha (reserve um pouco), o açúcar, a margarina, o ovo batido, a esponja reservada e o leite. Mexa, agora com as mãos, para que os ingredientes fiquem bem misturados e a massa adquira uma textura homogênea (se necessário, utilize a farinha reservada). Sove a massa sobre uma superfície enfarinhada, até obter uma mistura homogênea e macia. Modele a massa em formato de bola, coloque-a numa assadeira redonda, alta, untada e enfarinhada. Faça alguns cortes na superfície do pão, pincelando com água logo em seguida. Deixe a massa dobrar de volume (cerca de 30 minutos) e leve para assar em forno preaquecido a 150 °C por 20 minutos e, depois, a 180 °C por mais 15 ou 20 minutos.

Pão sovado

 55 minutos ⊚ 10 unidades

INGREDIENTES

700 g de farinha de trigo
2 colheres (sopa) de açúcar
1 colher (chá) de sal
3 ovos
2 xícaras de iogurte natural
3 colheres (sopa) de manteiga
3 tabletes de fermento biológico fresco
gema para pincelar
farinha de trigo para polvilhar

PREPARO

Em uma tigela grande, junte a farinha de trigo (reserve um pouco), o açúcar e o sal e misture bem. Reserve. Coloque os ovos, o iogurte e a manteiga no copo do liquidificador e bata por 2 minutos em velocidade alta. Desligue o liquidificador e acrescente o fermento esfarelado. Bata novamente por 30 segundos. Adicione a mistura do liquidificador à tigela da farinha e mexa com uma colher de pau até obter uma massa lisa e enxuta (se necessário, utilize a farinha reservada). Sove a massa sobre uma superfície enfarinhada e deixe-a descansar por 15 minutos, coberta, em lugar abafado. Depois, corte porções de massa e modele os pães. Em uma assadeira grande, untada e enfarinhada, coloque os pães, mantendo uma distância de 3 cm entre eles. Pincele com a gema e polvilhe com a farinha de trigo. Faça cortes sobre cada um deles e deixe que dobrem de volume (cerca de 30 minutos). Então, leve para assar em forno preaquecido a 150 °C por 15 minutos. Depois, aumente a temperatura do forno para 180 °C e deixe assar por mais 15 minutos.

Pão de batata

 1h10    12-15 unidades

INGREDIENTES

3 tabletes de fermento biológico fresco
1 colher (chá) de sal
1 xícara de leite morno
1 kg de farinha de trigo
500 g de batata cozida
200 g de manteiga em temperatura ambiente
3 ovos ligeiramente batidos
1 copo de requeijão cremoso

gema para pincelar

PREPARO

Em um recipiente pequeno, esfarele o fermento e adicione o sal. Misture até obter um líquido. Em seguida, adicione o leite, mexa e reserve. Em uma tigela, coloque a farinha (reserve um pouco), a batata previamente espremida, a manteiga, o ovo batido e o fermento reservado. Misture com as mãos até obter uma massa que não grude nos dedos (se necessário, utilize a farinha reservada). Sove a massa sobre uma superfície enfarinhada até ficar homogênea e macia. Deixe descansar por cerca de 20 minutos, coberta com um pano, em lugar abafado. Depois, com as mãos, abra porções de massa e recheie com o requeijão. Enrole cada porção de massa como uma bolinha e coloque-as numa assadeira untada e enfarinhada, deixando espaço entre elas para que cresçam. Pincele com a gema e espere que dobrem de volume. Leve os pães para assar em forno preaquecido a 150 °C por 15 minutos. Em seguida, suba a temperatura do forno para 180 °C e deixe os pães dourarem (cerca de 10 minutos).

Pãozinho de cebola

 1h20   12-15 unidades

INGREDIENTES

4 xícaras de farinha de trigo
½ xícara de manteiga em temperatura
  ambiente
1 pacote de mistura cremosa para sopa
  de cebola
1 tablete de fermento biológico fresco
  esfarelado
1 xícara de leite levemente morno

gema para pincelar

PREPARO

Em uma tigela grande, peneire a farinha de trigo e faça um buraco no centro. Junte os ingredientes restantes e trabalhe a massa com a ponta dos dedos até soltar das mãos. Faça uma bola, cubra e deixe descansar por 30 minutos, até dobrar de volume. Passado esse tempo, abra porções da massa e recorte triângulos. Enrole-os no sentido da base para a ponta e depois curve-os, formando meias-luas. Coloque os pãezinhos numa assadeira previamente untada e enfarinhada e pincele-os com a gema. Leve para assar em forno preaquecido a 150 °C por 30 minutos.

Pão de fôrma

 1h20   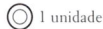 1 unidade

INGREDIENTES

1 xícara de leite morno
2 ovos
½ xícara de óleo
2 tabletes de fermento biológico fresco
3 colheres (sopa) de açúcar
½ colher (chá) de sal
3 xícaras de farinha de trigo

PREPARO

No copo do liquidificador, coloque o leite, os ovos, o óleo e o fermento esfarelado. Bata até homogeneizar. Acrescente o açúcar e o sal e bata mais um pouco. Coloque a farinha em uma tigela e junte a mistura do liquidificador. Mexa até a massa ficar lisa e fazer bolhas grandes. Despeje a massa numa fôrma para pão, untada e enfarinhada. Deixe a massa dobrar de volume, coberta com um pano, em lugar abafado (cerca de 40 minutos). Depois, leve o pão para assar em forno preaquecido a 150 °C por 20 minutos e, logo em seguida, a 180 °C, até que fique dourado.

Pão de cerveja

 1 hora   1 unidade

INGREDIENTES

1 colher (sopa) de fermento químico em pó
½ colher (chá) de sal
4 xícaras de farinha de trigo
1 colher (chá) de mel
1 lata de cerveja em temperatura ambiente
óleo para untar

PREPARO

Em uma tigela grande, misture o fermento, o sal e a farinha de trigo. Acrescente a seguir o mel e a cerveja e misture bem com uma colher. A massa deve ficar pesada e bastante úmida. Unte uma fôrma de bolo inglês e coloque a massa às colheradas, alisando a superfície. Leve para assar em forno preaquecido a 200 °C por 40 minutos ou até dourar.

Pães
recheados

Rosca de linguiça

 1h40   ◎ 2 unidades

INGREDIENTES

4 xícaras de farinha de trigo
2 tabletes de fermento biológico fresco
1 colher (sopa) de açúcar
1 xícara de água morna
1 colher (chá) de sal
100 g de margarina
1 colher (sopa) de salsinha picada
1 colher (chá) de orégano seco
250 g de linguiça frita e esmigalhada

margarina para untar

PREPARO

Em uma tigela grande, coloque a farinha de trigo, faça um buraco no centro e adicione o fermento esfarelado, o açúcar e ¼ de xícara de água morna. Com um garfo, misture esses ingredientes, formando um mingau. Cubra e deixe descansar por 20 minutos. Acrescente a água restante, o sal, a margarina derretida, a salsinha e o orégano. Amasse bem com as mãos até obter uma massa lisa e elástica. Faça uma bola com a massa, coloque-a numa tigela untada, cubra e deixe crescer por cerca de 20 minutos. Depois, abaixe a massa com os punhos, para que saiam as bolhas de ar, e junte a linguiça esmigalhada, amassando de leve apenas para misturar. Divida a massa em quatro partes e enrole-as formando quatro cordões. Enrole de dois em dois como se fosse uma corda, depois junte as pontas. Coloque as duas roscas em assadeiras untadas e enfarinhadas, cubra e deixe crescer por 30 minutos, até dobrar de volume. Pincele as roscas com água e leve para assar em forno preaquecido a 180 °C por 25 a 30 minutos ou até ficarem levemente douradas.

Rosca de torresmo

 1 hora   10 fatias

INGREDIENTES

Massa
2 tabletes de fermento biológico fresco
½ colher (sopa) de sal
1 xícara de água morna
500 g de farinha de trigo
1 colher (sopa) de açúcar
1 colher (sopa) de leite em pó
1 colher (sopa) de margarina
1 ovo

Recheio
300 g de torresmo
100 g de queijo parmesão ralado
1 colher (sopa) de tempero pronto

gema para pincelar

PREPARO

Esfarele o fermento numa tigela pequena e junte o sal. Misture até obter um líquido. Adicione a água morna, misture e reserve. Em um recipiente grande, coloque a farinha (reserve um pouco), o açúcar, o leite em pó, a margarina, o ovo e o fermento reservado. Misture com as mãos até obter uma massa que não grude nos dedos (se necessário, utilize a farinha reservada). Sove a massa sobre uma superfície enfarinhada até ficar com uma textura lisa e macia. Deixe a massa descansar por 15 minutos, coberta, em lugar abafado. Enquanto isso, faça o recheio: junte o torresmo, o queijo ralado e o tempero e misture bem. Reserve. Abra a massa com o rolo de macarrão. Empregue o recheio, enrole-a como rocambole e feche as extremidades. A seguir, torça e una as pontas da massa (formará uma rosca). Usando uma tesoura de cozinha, faça picotes na superfície da massa. Pincele a rosca com a gema e deixe dobrar de volume. Leve para assar em forno preaquecido a 150 °C por 20 minutos e, em seguida, a 200 °C por 10 minutos.

Baguete folhada de queijo

 1 hora   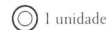 1 unidade

INGREDIENTES

Massa

2 tabletes de fermento biológico fresco
1 colher (chá) de sal
1¼ xícara de água morna
500 g de farinha de trigo
2 colheres (sopa) de açúcar
1 colher (sopa) de leite em pó
3 colheres (sopa) de queijo ralado
1 colher (sopa) de óleo
100 g de manteiga

Recheio

200 g de queijo mozarela ralado
200 g de queijo prato ralado
1 cebola média picada
½ xícara de manjericão picado

gema para pincelar
gergelim para decorar (opcional)

PREPARO

Em uma tigela pequena, coloque o fermento esfarelado e o sal. Mexa até obter um líquido. Adicione a água morna, misture e reserve. Em uma vasilha grande, junte a farinha, o açúcar, o leite em pó, o queijo ralado, o óleo e o fermento reservado. Mexa com uma colher de pau para agregar os ingredientes. A seguir, sove sobre uma superfície enfarinhada, até a massa ficar lisa. Deixe descansar por aproximadamente 10 minutos. Enquanto isso, prepare o recheio: junte os dois tipos de queijo, a cebola e o manjericão. Misture bem e reserve. Abra a massa com auxílio de um rolo sobre a superfície enfarinhada. Espalhe a manteiga sobre ela, corte-a ao meio para dividir em duas partes iguais. Empregue o recheio sobre uma das partes. Enrole e torça a baguete. Acomode-a em uma assadeira retangular, forrada com papel-alumínio. Pincele com a gema e polvilhe com gergelim. Repita a operação com a outra parte da massa. Deixe a massa dobrar de volume e leve para assar em forno preaquecido a 180 °C por 25 minutos.

Dica: o recheio de queijo pode ser substituído por queijo e presunto, ou frango desfiado e requeijão cremoso ou ainda atum e tomate seco.

Brioche com presunto e queijo

 1 hora ◎ 8 porções

INGREDIENTES

Massa
1 tablete de fermento biológico fresco
¾ de xícara de leite morno
3 xícaras de farinha de trigo
1 colher (chá) rasa de sal
2 colheres (sopa) de açúcar
1 ovo
100 g de manteiga em temperatura ambiente

Recheio
200 g de presunto cru fatiado fino
300 g de queijo emmenthal fatiado
2 tomates sem pele e sem sementes
1 colher (sopa) de azeite
orégano a gosto

gema e óleo para pincelar
queijo parmesão ralado para polvilhar

PREPARO

Coloque o fermento esfarelado numa tigela pequena e dissolva-o no leite morno. Reserve. Coloque a farinha numa tigela, faça um buraco no meio e acrescente o sal, o açúcar, o ovo, a manteiga e o fermento dissolvido. Mexa com as mãos até a massa não grudar nos dedos. Em seguida, sove a massa sobre uma superfície enfarinhada até ficar macia. Cubra-a com um pano de prato e deixe descansar por 20 minutos em lugar abafado. Depois, divida a massa em dois pedaços. Abra um pedaço de massa de cada vez, recheie com o presunto, o queijo emmenthal e o tomate previamente temperado com azeite e orégano. Enrole como um rocambole e corte-o em fatias com 4 cm de espessura. Unte uma fôrma redonda com óleo e polvilhe-a com farinha de trigo. Coloque os pedaços de massa, distribuindo-os de forma irregular. Deixe crescer novamente por 20 minutos. Para finalizar, pincele a massa com a gema misturada com um pouco de óleo e polvilhe com o queijo ralado. Leve para assar em forno preaquecido a 200 °C por 30 minutos ou até começar a dourar.

Dica: para baratear o custo, use presunto comum e mozarela. Se quiser variar o recheio, use mortadela e provolone.

Trança de quatro queijos

🕐 1h30   ⚪ 20 fatias

INGREDIENTES

Massa
2 tabletes de fermento biológico fresco
½ colher (sopa) de sal
½ xícara de leite morno
3 xícaras de farinha de trigo
½ colher (sopa) de açúcar
1 ovo ligeiramente batido
3 colheres (sopa) de óleo

Recheio
150 g de queijo mozarela ralado
100 g de queijo provolone ralado
100 g de queijo prato ralado
100 g de queijo parmesão ralado
1 colher (sopa) de orégano
150 g de tomate seco picado

gema para pincelar

PREPARO

Esfarele o fermento numa tigela pequena e adicione ⅓ do sal. Mexa até obter um líquido. Adicione o leite morno, misture e reserve. Em uma vasilha grande, junte a farinha (reserve um pouco), o restante do sal, o açúcar, o ovo batido, o óleo e o fermento reservado. Mexa com as mãos até obter uma massa enxuta (se necessário, utilize a farinha reservada). Sove a massa sobre uma superfície enfarinhada até que fique homogênea e macia. Deixe descansar por 20 minutos para crescer. Enquanto isso, prepare o recheio: numa vasilha, misture os quatro queijos e o orégano. Reserve. Depois que a massa crescer, abra-a com um rolo de macarrão. Coloque o recheio reservado no centro da massa (no sentido do comprimento) e distribua os tomates secos sobre o recheio. Com uma faca afiada, faça cortes nas bordas da massa (tiras com 2 dedos de espessura) como se fossem duas franjas e vá cruzando sobre o recheio (uma tira para lá, outra para cá), até ficar todo trançado. Coloque a trança numa assadeira retangular forrada com papel-alumínio, pincele-a com a gema e deixe dobrar de volume (cerca de 30 minutos). Para finalizar, leve para assar em forno pré-aquecido a 150 °C por 15 minutos e, em seguida, a 180 °C, por mais 15 minutos ou até dourar.

Dica: acrescente ervas variadas ao recheio para dar um toque especial. Manjericão e orégano são uma ótima pedida.

Focaccia à pizzaiola

 50 minutos ◎ 10 fatias

INGREDIENTES

Massa
1½ xícara de farinha de trigo
½ colher (chá) de sal
1 colher (chá) de azeite
1 tablete de fermento biológico fresco
½ xícara de água morna
1 colher (chá) de açúcar

Cobertura
2 tomates sem pele picados
250 g de queijo mozarela ralado
½ xícara de azeitonas verdes picadas
2 colheres (sopa) de alcaparras
1 colher (chá) de orégano
manjericão fresco picado

PREPARO

Em uma tigela, misture a farinha, o sal e o azeite. Reserve. À parte, desmanche o fermento na água morna e acrescente o açúcar e 1 colher (chá) de farinha de trigo. Deixe descansar por 10 minutos, até dobrar de tamanho, e misture à farinha da tigela. Amasse até formar uma bola. Coloque a massa numa superfície enfarinhada e abra-a diversas vezes, esticando e enrolando até obter uma massa bem elástica. Coloque a bola de massa numa tigela untada com azeite e cubra-a com um pano úmido. Deixe a massa crescer por 1h30. Depois, aperte a massa contra o fundo da tigela para eliminar o excesso de ar. Com o rolo, abra a massa novamente e estenda-a numa assadeira untada com um pouco de azeite. Deixe crescer por mais 30 minutos. Enquanto isso, misture todos os ingredientes da cobertura numa tigela. Quando passar o tempo do crescimento da massa, espalhe uniformemente a cobertura sobre ela e leve para assar em forno preaquecido a 180 °C por cerca de 20 minutos.

Dica: você pode colocar a cobertura que quiser sobre a focaccia, obedecendo sempre ao mesmo tempo de forno.

Pão de atum

 1h40   8 fatias

INGREDIENTES

100 g de bacon fatiado
1 tablete de fermento biológico fresco
1 colher (chá) de sal
¾ de xícara de água morna
1 lata de atum ralado escorrido
½ xícara de azeitonas verdes picadas
1 cebola picada
1 colher (sopa) de orégano
3 xícaras de farinha de trigo
1 xícara de queijo parmesão ralado
1 colher (chá) de açúcar
1 colher (sopa) de azeite
2 ovos ligeiramente batidos
gema para pincelar
queijo parmesão ralado para polvilhar

PREPARO

Corte cada fatia de bacon em três pedaços. Aqueça uma frigideira em fogo alto e frite o bacon em sua própria gordura. Retire do fogo e escorra-o em papel-toalha. Reserve. Coloque o fermento esfarelado e o sal numa tigela pequena. Mexa até obter um líquido. Misture a água morna e reserve. À parte, junte o atum, o bacon frito, as azeitonas, a cebola e o orégano e misture bem. Reserve. Em uma tigela grande, coloque a farinha, o queijo ralado, o açúcar, o azeite, o ovo batido e o fermento reservado. Misture com uma colher de pau até obter uma massa homogênea. Acrescente a mistura de atum e bacon. Mexa para agregar tudo. Deixe a massa descansar por 15 minutos. Depois, coloque a massa numa assadeira redonda untada e enfarinhada. Pincele a superfície com a gema e polvilhe com o queijo ralado. Deixe dobrar de volume. Então, leve para assar em forno preaquecido a 150 °C por 20 minutos. Em seguida, aumente a temperatura para 180 °C e deixe no forno por mais 15 minutos, até dourar.

Pão de presunto

 1h20 ◎ 15 fatias

INGREDIENTES

Massa
1 xícara de leite
2 ovos
2 tabletes de fermento biológico fresco
5 xícaras de farinha de trigo
1 colher (chá) de sal
50 g de manteiga

Recheio
300 g de queijo mozarela ralado
300 g de presunto ralado
2 tomates cortados em rodelas
2 cebolas cortadas em rodelas
azeite, orégano e pimenta-do-reino a gosto

gema para pincelar

PREPARO

No copo do liquidificador, coloque o leite morno, os ovos e o fermento esfarelado. Bata até ficar homogêneo. Reserve. Em um recipiente grande, junte a farinha (reserve um pouco), o sal, a manteiga e o líquido do liquidificador. Misture com as mãos, até obter uma massa que não grude nos dedos (se necessário, utilize a farinha reservada). Sove a massa até ela ficar com consistência macia e deixe-a descansar por 30 minutos. Enquanto isso, junte todos os ingredientes do recheio numa tigela grande e misture bem. Passado o tempo de descanso da massa, divida-a em duas partes. Sobre uma superfície enfarinhada, abra as massas bem finas com o rolo de macarrão e espalhe o recheio por cima. Em seguida, enrole cada uma delas como rocambole. Coloque as massas numa assadeira retangular forrada com papel-alumínio ou untada e enfarinhada. Faça cortes superficiais nos pães com a ponta de uma faca afiada, pincele com a gema e deixe dobrar de volume. Leve os pães para assar em forno preaquecido a 150 °C por 20 minutos e, em seguida, a 180 °C, por cerca de 10 minutos, até dourar.

Bolos caseiros

Bolo de fubá com goiabada

🕐 1 hora   ◎ 15 fatias

INGREDIENTES

Massa

1 xícara de leite
1 xícara de óleo
3 ovos, claras e gemas separadas
1 colher (sopa) de manteiga em
  temperatura ambiente
2 xícaras de açúcar
1 xícara de farinha de trigo
1 xícara de fubá
1 colher (sopa) de fermento químico em pó
1 colher (chá) de sementes de erva-doce
1 colher (chá) de raspas de casca de limão

Cobertura

200 g de goiabada cortada em cubinhos
½ xícara de água ou de vinho branco seco

PREPARO

No copo do liquidificador, coloque o leite, o óleo, as gemas e a manteiga. Bata em velocidade máxima por 2 minutos. Adicione o açúcar e bata por mais 1 minuto. Reserve. Na vasilha da batedeira, junte a farinha, o fubá, o fermento (todos peneirados), a erva-doce, as raspas de limão e a mistura do liquidificador reservada. Bata por 3 minutos em velocidade alta e desligue. Em seguida, incorpore as claras previamente batidas em neve, misturando de baixo para cima. Despeje a massa numa assadeira redonda alta (de 26 cm de diâmetro), untada e polvilhada com fubá. Leve ao forno preaquecido a 150 °C por 20 minutos e, depois, a 180 °C por mais 10 minutos. Retire o bolo do forno e desenforme-o ainda morno sobre um prato redondo. Deixe esfriar e regue-o com a cobertura de goiabada derretida. Para fazer a cobertura, em uma panela média, junte a goiabada cortada em cubos e a água ou o vinho. Leve ao forno médio e cozinhe até derreter a goiabada (aproximadamente 10 minutos).

Bolo Toalha Felpuda

 50 minutos   ◎ 24 fatias

INGREDIENTES

Massa
2 xícaras de açúcar
4 ovos, claras e gemas separadas
100 g de manteiga em temperatura ambiente
½ xícara de leite
1 vidro de leite de coco
2 xícaras de farinha de trigo
1 colher (sopa) de fermento químico em pó

Cobertura
1 lata de leite condensado
½ xícara de leite
200 g de coco fresco ralado

PREPARO

Na vasilha da batedeira, coloque o açúcar peneirado, as gemas e a manteiga. Misture com uma colher. A seguir, bata em velocidade média por 3 minutos. Aos poucos, junte o leite e o leite de coco e continue batendo por mais alguns instantes. Desligue a batedeira e acrescente a farinha peneirada. Torne a bater até obter um creme homogêneo. Desligue e incorpore as claras batidas em neve. Por fim, adicione o fermento e misture delicadamente. Despeje a massa numa assadeira retangular grande, untada e enfarinhada. Leve para assar em forno preaquecido a 200 °C por 40 minutos. Enquanto isso, misture o leite condensado e o leite. Quando retirar o bolo do forno, fure-o ainda quente com um garfo na própria assadeira, cubra-o com o leite condensado e o coco ralado. Espere esfriar, corte-o em quadrados e deixe na geladeira antes de servir.

Bolo de amendoim

1 hora   15 fatias

INGREDIENTES

4 ovos, claras e gemas separadas
1½ xícara de açúcar
1 colher (sopa) de manteiga
1 xícara de amendoim torrado e moído
1 xícara de farinha de trigo
1 colher (chá) de fermento químico em pó

PREPARO

Na tigela da batedeira, junte as gemas, o açúcar e a manteiga e bata em velocidade alta por 2 minutos. Acrescente o amendoim e a farinha e bata por mais 3 minutos, até ficar um creme homogêneo. Com a batedeira desligada, adicione o fermento e misture-o à massa. Em seguida, incorpore delicadamente as claras batidas em neve. Despeje a massa numa fôrma redonda de furo no meio, untada e enfarinhada, e leve para assar em forno preaquecido a 180 °C por cerca de 30 minutos (faça o teste do palito para checar se a massa está bem assada). Desenforme o bolo morno e deixe esfriar.

Bolo de maracujá

 50 minutos ◎ 15 fatias

INGREDIENTES

Massa
2 xícaras de açúcar
100 g de margarina
5 ovos, claras e gemas separadas
1 xícara de polpa de maracujá
2 xícaras de farinha de trigo
1 colher (sopa) de fermento químico em pó

Cobertura
1½ xícara de polpa de maracujá
1 xícara de açúcar

PREPARO

Na tigela da batedeira, junte o açúcar, a margarina e as gemas e bata por 3 minutos em velocidade alta. Desligue a batedeira e misture a polpa de maracujá. Acrescente a farinha e o fermento, peneirados, e misture bem. Em seguida, junte as claras batidas em neve e incorpore-as à massa. Despeje a massa numa fôrma redonda de aro removível, untada e enfarinhada. Leve para assar em forno preaquecido a 180 °C por cerca de 40 minutos (antes de retirar o bolo do forno, faça o teste do palito para checar se a massa está bem assada). Depois, desenforme o bolo ainda quente em um prato redondo. Prepare a cobertura: em uma panela pequena, misture a polpa de maracujá e o açúcar. Cozinhe em fogo médio, mexendo sem parar, até que a mistura comece a desprender-se do fundo da panela. Espalhe imediatamente essa mistura sobre o bolo ainda quente antes que ela endureça.

Bolo formigueiro

INGREDIENTES

Massa
1½ xícara de açúcar
1 xícara de manteiga
3 ovos, claras e gemas separadas
1 xícara de leite
2½ xícaras de farinha de trigo
1 colher (sopa) de fermento químico em pó
4 colheres (sopa) de chocolate granulado

Cobertura
1 xícara de leite
¾ de xícara de chocolate em pó
¾ de xícara de açúcar
2 colheres (sopa) de manteiga em temperatura ambiente

PREPARO

Na vasilha da batedeira, coloque o açúcar, a manteiga e as gemas. Bata até obter um creme. Desligue e adicione o leite e a farinha. Bata por 2 minutos em velocidade alta. Desligue a batedeira e misture delicadamente o fermento e as claras previamente batidas em neve. Em seguida, incorpore o chocolate granulado. Despeje a massa numa assadeira redonda de furo no meio, untada e enfarinhada. Leve para assar em forno preaquecido a 180 °C por 30 minutos. Desenforme o bolo ainda quente e regue-o em seguida com a calda de chocolate, também quente. Para fazer a calda, em uma panela, junte o leite, o chocolate, o açúcar e a manteiga. Leve ao fogo e cozinhe por 5 a 6 minutos, mexendo sempre, até obter uma calda espessa.

Dica: troque o granulado por 1 xícara de coco ralado e transforme o formigueiro em um bolo de coco simples.

Bolo mármore

 1 hora ◎ 15 fatias

INGREDIENTES

3 ovos
1½ xícara de açúcar
1 xícara de leite
1 xícara de óleo
2½ xícaras de farinha de trigo
2 colheres (chá) de fermento
½ xícara de chocolate em pó

PREPARO

Coloque no copo do liquidificador os ovos, o açúcar, o leite e o óleo. Bata em velocidade alta por 2 minutos. Desligue e adicione a farinha e o fermento. Bata novamente por mais 3 minutos, até ficar homogêneo. Divida a massa em duas tigelas de tamanho médio. Junte o chocolate em pó a uma das tigelas e bata com um batedor de bolo até ficar bem misturado. Em uma fôrma redonda de furo no meio, untada e enfarinhada, coloque alternadamente colheradas de massa escura e de massa branca. Leve para assar em forno preaquecido a 180 °C por cerca de 40 minutos (faça o teste do palito para checar se a massa está bem assada). Deixe o bolo ficar morno e desenforme-o sobre um prato redondo.

Bolo de café

 1 hora   15 fatias

INGREDIENTES

1 xícara de café coado forte
2 ovos batidos
1½ colher (sopa) de margarina derretida
2¼ xícaras de farinha de trigo
1 colher (sopa) de fermento químico em pó
½ xícara de açúcar de confeiteiro
½ xícara de nozes picadas
½ xícara de ameixas-pretas picadas

PREPARO

Misture o café, os ovos e a margarina numa tigela pequena e reserve. Em uma tigela grande, junte a farinha, o fermento, o açúcar, as nozes e a ameixa. Mexa bem e acrescente em seguida a mistura de café e ovos reservada. Misture para agregar os ingredientes. Despeje a massa numa fôrma de bolo inglês de 24 cm x 10 cm, untada e enfarinhada. Asse em forno preaquecido a 180 °C por cerca de 40 minutos. Desenforme o bolo morno sobre uma travessa e sirva.

Bolo de maçã com calda de chocolate

 1 hora    10 fatias

INGREDIENTES

Massa
2 xícaras de açúcar
100 g de manteiga
4 ovos, claras e gemas separadas
1 xícara de leite
2½ xícaras de farinha de trigo
1 colher (sopa) de fermento químico em pó
3 maçãs sem casca e fatiadas
canela para polvilhar

Calda
2 colheres (sopa) de manteiga
¼ de xícara de leite
2 colheres (sopa) de chocolate em pó
5 colheres (sopa) de açúcar

PREPARO

Na vasilha da batedeira, coloque o açúcar, a manteiga e as gemas. Bata em velocidade alta por 2 minutos, até virar um creme. Desligue e misture o leite. Ligue a batedeira e acrescente, aos poucos, a farinha de trigo peneirada. Continue batendo até que a mistura fique homogênea. Desligue. Junte o fermento e as claras previamente batidas em neve. Misture delicadamente. Em uma assadeira redonda, untada e enfarinhada, intercale em camadas parte da massa, metade das fatias de maçã, canela em pó, o restante da massa, o restante da maçã e da canela. Leve para assar em forno preaquecido a 200 °C por 25 minutos. Retire o bolo do forno e regue-o ainda quente com a calda de chocolate. Para fazer a calda, derreta a manteiga numa panela pequena e misture o leite, o chocolate em pó e o açúcar. Deixe ferver, mexendo sempre, até obter uma calda meio espessa.

Bolo de cenoura com chocolate

 50 minutos   15 fatias

INGREDIENTES

Massa
1 xícara de óleo
4 ovos
4 cenouras médias picadas
2 xícaras de farinha de trigo
2 xícaras de açúcar
1 colher (sopa) de fermento químico em pó

Cobertura
5 colheres (sopa) de açúcar
2 colheres (sopa) de chocolate em pó
2 colheres (sopa) de manteiga
2 colheres (sopa) de leite

PREPARO

No copo do liquidificador, coloque o óleo, os ovos e a cenoura picada. Bata por 2 minutos em velocidade alta. Reserve. Na vasilha da batedeira, coloque a farinha, o açúcar (ambos peneirados) e a mistura do liquidificador. Bata em velocidade alta por 3 minutos, até ficar homogêneo. Desligue e misture o fermento com uma colher. Despeje a massa numa fôrma redonda, untada e polvilhada com farinha. Leve para assar em forno preaquecido a 180 °C por 35 a 40 minutos. Desenforme o bolo ainda morno e regue-o com a cobertura quente. Para fazer a cobertura, em uma panela, junte o açúcar, o chocolate, a manteiga e o leite. Cozinhe por 5 minutos, ou até engrossar.

Bolo de laranja com calda

 50 minutos   10 fatias

INGREDIENTES

Massa
1 xícara de óleo de milho
1 xícara de iogurte natural
4 ovos
2 xícaras de farinha de trigo
2 xícaras de açúcar
uma pitada de sal
½ colher (sopa) de raspas de laranja
1 colher (chá) de essência de laranja
1 colher (sopa) de fermento químico em pó

Cobertura
1 xícara de suco de laranja natural
2 xícaras de açúcar

PREPARO

Coloque o óleo, o iogurte e os ovos no copo do liquidificador e bata até obter um creme. Reserve. Na vasilha da batedeira, junte a farinha e o açúcar (peneirados previamente) e o sal. Misture com uma colher. Adicione as raspas de laranja e o creme reservado. Misture novamente. Acrescente a essência de laranja e bata por 3 minutos em velocidade alta. Desligue e adicione o fermento, misturando com uma colher. Coloque a massa numa fôrma redonda de furo no meio untada e enfarinhada. Leve para assar em forno preaquecido a 150 °C por 10 minutos. Em seguida, aumente a temperatura e deixe por mais 15 minutos. Depois, desenforme o bolo e regue-o com a calda de laranja. Para fazer a calda, coloque o suco de laranja e o açúcar numa panela e deixe ferver por 10 minutos em fogo médio.

Bolo inglês

 50 minutos   10 fatias

INGREDIENTES

1½ xícara de açúcar
150 g de manteiga ou margarina
6 ovos
½ colher (chá) de sal
1 colher (chá) de raspas de casca de limão
2 xícaras de farinha de trigo
1 colher (sopa) de essência de rum
½ colher (sopa) de fermento químico em pó
1 xícara de frutas cristalizadas

PREPARO

Coloque o açúcar e a manteiga na vasilha da batedeira e bata até obter um creme esbranquiçado. Com a batedeira ligada, acrescente os ovos, um a um, e o sal. Bata até obter um creme homogêneo. Em seguida, adicione as raspas de limão, a farinha (reserve um pouco) e o rum e deixe bater por 3 minutos em velocidade alta. Junte então o fermento misturado com a farinha reservada e bata alguns segundos, apenas para misturar. Desligue e adicione as frutas cristalizadas passadas previamente por farinha de trigo. Misture delicadamente. Coloque a massa numa assadeira própria para bolo inglês, untada e enfarinhada. Leve ao forno preaquecido a 150 °C por 15 a 20 minutos e depois a 180 °C por mais 10 minutos. Espere esfriar um pouco antes de cortar.

Bolo de banana

 1 hora  12 fatias

INGREDIENTES

3 xícaras de açúcar
5 bananas
4 ovos, claras e gemas separadas
1 xícara de margarina
1 colher (chá) de essência de baunilha
2 potes de iogurte natural
3 xícaras de farinha de trigo
1 colher (sopa) de fermento químico em pó

PREPARO

Coloque 1 xícara de açúcar numa fôrma redonda de 26 cm de diâmetro e leve ao fogo até obter uma calda cor de caramelo. A seguir, corte as bananas em rodelas e disponha-as sobre a calda. Reserve. Na vasilha da batedeira, bata o restante do açúcar, as gemas e a margarina até ficar misturado. Desligue a batedeira e acrescente a essência de baunilha, o iogurte e a farinha, misturando a cada ingrediente. Em seguida, bata em velocidade alta até ficar homogêneo. Acrescente as claras batidas em neve, mexa delicadamente e incorpore o fermento. Despeje a massa na fôrma com a banana. Leve para assar em forno preaquecido a 200 °C por 20 minutos. Desenforme o bolo ainda quente sobre um prato redondo.

Bolos elegantes

Bolo de Reis

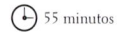 55 minutos 15 fatias

INGREDIENTES

½ xícara de uvas-passas escuras sem sementes
½ xícara de uvas-passas claras sem sementes
½ xícara de conhaque
1½ xícara de açúcar
4 ovos, claras e gemas separadas
1½ xícara de margarina
2 xícaras de leite
2½ xícaras de farinha de trigo
1 colher (sopa) de fermento químico em pó
uma pitada de sal
1 xícara de frutas cristalizadas

PREPARO

Deixe as uvas-passas de molho no conhaque por 15 minutos. Na vasilha da batedeira, misture o açúcar, as gemas e a margarina. Em seguida, bata em velocidade alta até obter um creme esponjoso. Desligue e misture o leite e a farinha. Bata novamente até ficar homogêneo. Desligue e adicione o fermento e as claras previamente batidas em neve com uma pitada de sal. Misture para incorporar. Em seguida, acrescente as frutas cristalizadas e as uvas-passas escorridas. Misture delicadamente e despeje a massa numa fôrma redonda de furo no meio, untada e enfarinhada. Leve para assar em forno preaquecido a 180 °C por 40 minutos. Desenforme frio e decore a gosto.

Dica: antes de adicionar as frutas cristalizadas e as uvas-passas à massa, passe-as primeiro pela farinha de trigo para não afundarem.

Bolo de chocolate com morangos

 1h10   ◎ 15 fatias

INGREDIENTES

Massa
1 xícara de açúcar
½ xícara de manteiga
6 ovos, claras e gemas separadas
½ xícara de leite
1 xícara de chocolate em pó
1½ xícara de farinha de trigo
1 colher (sopa) de fermento químico em pó
1 receita de brigadeiro (ver pág. 141)

Cobertura
1 lata de creme de leite
200 g de chocolate meio amargo ralado

morangos inteiros para decorar
folhas de hortelã (opcional)

PREPARO

Na vasilha da batedeira, coloque o açúcar e a manteiga e bata em velocidade média até virar um creme esponjoso. Junte as gemas e o leite e bata por 3 minutos. Em seguida, adicione o chocolate em pó e a farinha e bata até obter uma massa lisa e brilhante. Desligue a batedeira e incorpore delicadamente as claras batidas em neve e o fermento. Coloque a massa obtida numa assadeira redonda de borda alta, untada e enfarinhada. Leve para assar em forno preaquecido a 180 °C por 25 minutos. Faça o teste do palito para checar se o bolo está bem assado. Retire-o do forno e deixe esfriar, já desenformado. Faça o recheio seguindo as instruções da receita. Faça a cobertura: em uma vasilha, coloque o creme de leite e o chocolate meio amargo. Aqueça em banho-maria por alguns minutos e mexa até derreter o chocolate. Para montar o bolo, corte-o ao meio e empregue o recheio de chocolate. Recoloque a parte retirada e espalhe a cobertura por toda a superfície. Finalize a decoração, arrumando os morangos em cima do bolo. Intercale algumas folhinhas de hortelã, se estiver usando.

Bolo de nozes com glacê de limão

 1h10   ◎ 12 fatias

INGREDIENTES

Massa
3 ovos
¾ de xícara de óleo
1½ xícara de leite
3 xícaras de farinha de trigo
1½ xícara de açúcar
1 colher (sopa) de fermento químico em pó
1 xícara de nozes moídas

Glacê
1¾ xícara de açúcar de confeiteiro
½ xícara de suco de limão

metades de nozes para decorar

PREPARO

Bata os ovos, o óleo e o leite na batedeira por 2 minutos. Reserve. Na vasilha da batedeira, junte a farinha, o açúcar e o fermento peneirados. Acrescente a mistura de leite e ovos reservada e bata até obter uma massa homogênea. Junte as nozes e misture mais uma vez. Despeje a massa numa fôrma para bolo inglês, untada e enfarinhada. Leve para assar em forno preaquecido a 180 °C por cerca de 50 minutos. Retire o bolo do forno e desenforme-o quando amornar. Depois, regue o bolo com o glacê frio e decore-o com as metades de nozes. Para fazer o glacê, coloque o açúcar numa tigela pequena e misture o suco de limão aos poucos. Leve ao banho-maria até derreter o açúcar de confeiteiro, mexendo até virar um glacê (1 minuto).

Dica: se desejar, acrescente também à massa ½ colher (chá) de cravo-da-índia em pó ou a mesma medida de canela em pó.

Bolo Floresta Negra

 1 hora   15 fatias

INGREDIENTES

Massa
100 g de manteiga
5 ovos, claras e gemas separadas
1½ xícara de açúcar
1 xícara de leite
1 xícara de chocolate em pó
3 xícaras de farinha de trigo
1 colher (sopa) de fermento químico em pó

Recheio
2 xícaras de creme de leite fresco
3 colheres (sopa) de açúcar
300 g de cereja em calda
100 g de suspiro esmigalhado

Calda
1 xícara de calda de cereja
4 colheres (sopa) de água
5 colheres (sopa) de açúcar

Cobertura
2 xícaras de creme de leite fresco gelado
3 colheres (sopa) de açúcar

raspas de chocolate e cerejas em calda
  para decorar

PREPARO

Na vasilha da batedeira, coloque a manteiga, as gemas e o açúcar. Bata em velocidade alta por 2 minutos, ou até ficar uma mistura brilhante. Desligue e junte o leite, o chocolate e a farinha. Bata novamente por mais 2 minutos, até obter um creme homogêneo. Desligue a batedeira e acrescente as claras previamente batidas em neve e o fermento. Misture delicadamente com uma colher, de baixo para cima. Despeje a massa numa fôrma redonda de aro removível, untada e enfarinhada. Leve para assar em forno preaquecido a 180 °C por 25 a 30 minutos. Retire o bolo do forno, desenforme-o morno e deixe esfriar. Enquanto isso, faça o recheio: na vasilha da batedeira, coloque o creme de leite e bata em velocidade alta por aproximadamente 5 minutos, até começar a encorpar. Com a batedeira ligada, adicione o açúcar e deixe formar picos duros. Desligue e misture a cereja picada e escorrida e o suspiro esfarelado. Reserve. Faça a calda: em uma vasilha pequena, junte a calda de cereja, a água e o açúcar. Misture bem e reserve. Com o bolo já frio, corte-o em três partes e regue cada parte com a calda de cereja preparada. Distribua o recheio, recolocando as partes do bolo. Por fim, bata o creme de leite gelado e o açúcar em picos firmes e cubra todo o bolo com o chantili. Decore com raspas de chocolate e algumas cerejas.

Bolo gelado de coco

 1h10   ◎ 15 fatias

INGREDIENTES

Massa
1 xícara de açúcar
½ xícara de manteiga
5 ovos, claras e gemas separadas
½ xícara de leite
1½ xícara de farinha de trigo
1 xícara de chocolate em pó
1 colher (sopa) de fermento químico em pó

Recheio
1 lata de leite condensado
200 g de coco ralado

Cobertura
1 lata de leite condensado
6 colheres (sopa) de chocolate em pó
1 colher (sopa) de manteiga

PREPARO

Bata o açúcar, a manteiga e as gemas na batedeira por 1 minuto em velocidade média. Desligue e misture o leite. Em seguida, adicione a farinha e o chocolate peneirados. Bata em velocidade alta por 3 minutos, ou até obter um creme homogêneo. Desligue e incorpore as claras batidas em neve. Acrescente o fermento e misture de baixo para cima. Despeje a massa numa assadeira redonda (de 25 cm de diâmetro), untada e polvilhada com farinha. Leve para assar em forno preaquecido a 200 °C por 20 a 25 minutos. Para o recheio, cozinhe todos os ingredientes em fogo médio até encorpar e desprender da panela. Retire o bolo do forno, desenforme-o morno sobre um prato redondo e deixe esfriar. A seguir, corte o bolo ao meio e empregue o recheio já frio numa das partes. Recoloque a parte de massa retirada por cima do recheio e espalhe a cobertura. Para fazer a cobertura, junte, em uma panela, todos os ingredientes e cozinhe em fogo médio, mexendo sempre, até obter um brigadeiro meio mole.

Salgadinhos
fritos

Bolinha de salame

 1h10 ◎ 45 unidades

INGREDIENTES

Massa
2 xícaras de leite
1 tablete de caldo de galinha
sal a gosto
1 colher (sopa) de margarina
3 xícaras de farinha de trigo
200 g de mandioquinha cozida
50 g de queijo parmesão ralado

Recheio
2 xícaras de salame triturado
1 xícara de cebolinha picada
4 colheres (sopa) de requeijão cremoso
salsinha a gosto

ovo e farinha de rosca para empanar
óleo para fritar

PREPARO

Em uma panela grande, junte o leite, o tablete de caldo esfarelado, o sal e a margarina. Misture e leve ao fogo médio até ferver. Quando levantar fervura, adicione a farinha de uma só vez. Misture e cozinhe por aproximadamente 5 minutos. Desligue e deixe amornar. Enquanto isso, prepare o recheio: em um recipiente, coloque o salame, a cebolinha, o requeijão e a salsinha. Misture bem e reserve. Despeje a massa reservada em uma superfície untada com um fio de óleo. Junte a mandioquinha previamente espremida e o queijo ralado. Trabalhe a massa com as mãos até ficar homogênea. Abra porções de massa na palma da mão e coloque o recheio. Modele a bolinha e passe-a pelo ovo e pela farinha de rosca. Frite as bolinhas em óleo quente até que fiquem douradas. Coloque-as em papel-toalha para que fiquem sequinhas.

Rissole de palmito

🕐 50 minutos   ◎ 45 unidades

INGREDIENTES

Massa

2 xícaras de água
2 xícaras de leite
1 tablete de caldo de legumes
100 g de margarina em temperatura ambiente
uma pitada de sal
2 colheres (sopa) de queijo parmesão ralado
4 xícaras de farinha de trigo

Recheio

2 colheres (sopa) de margarina
1 cebola picada fino
1 tomate sem sementes picado
1 vidro de palmito grande bem picado
½ xícara de azeitonas verdes cortadas ao meio
½ copo de requeijão cremoso
sal e pimenta-do-reino a gosto
½ xícara de cheiro-verde picado

ovo e farinha de rosca para empanar
óleo para fritar

PREPARO

Em uma panela, junte a água, o leite, o tablete de caldo esfarelado, a margarina e o sal, misture e deixe ferver. Adicione o queijo ralado e a farinha de uma só vez, misturando a cada ingrediente adicionado. Cozinhe em fogo baixo por 5 minutos, mexendo sempre, até começar a desgrudar do fundo da panela. Deixe a massa amornar na própria panela. Enquanto isso, faça o recheio: aqueça a margarina numa panela e refogue a cebola por 3 minutos em fogo médio. Junte o tomate, o palmito, as azeitonas, o requeijão, o sal, a pimenta e o cheiro-verde. Se necessário, engrosse o recheio com 1 colher (sopa) de farinha de trigo. Cozinhe por cerca de 5 minutos e reserve. Coloque a massa da panela numa bancada enfarinhada e sove-a até ficar lisa e macia. Abra a massa com o rolo de macarrão, modele discos pequenos com um cortador redondo (ou com um copo de boca larga) e recheie cada um deles. Una as extremidades da massa, fechando-as, e empane os rissoles no ovo e na farinha de rosca. Frite-os em óleo quente até dourar e escorra-os em papel-toalha. Sirva quente.

Pastel de calabresa com queijo

 40 minutos ◎ 40 unidades

INGREDIENTES

Massa
1 rolo de massa para pastel (500 g)

Recheio
2 colheres (sopa) de óleo
1 cebola ralada
2 gomos de linguiça calabresa sem pele triturada
3 colheres (sopa) de salsinha picada
2 xícaras de queijo mozarela ralado

óleo para fritar

PREPARO

Para o recheio, aqueça uma panela com o óleo, em fogo médio, e frite a cebola e a calabresa até dourar. Retire, deixe esfriar e misture a salsinha e a mozarela. Abra a massa de pastel, corte pequenos retângulos e divida o recheio entre eles. Feche, apertando as bordas com um garfo. Frite, aos poucos, em óleo quente, em imersão, até dourarem. Escorra sobre papel absorvente e sirva.

Dica: prepare esta receita com linguiça de frango ou de peru para obter pasteizinhos mais leves.

Coxinha de frango

🕐 1h10 ◎ 30 unidades

INGREDIENTES

Recheio
1 peito de frango cozido
sal e pimenta-do-reino a gosto
3 colheres (sopa) de azeite
1 cebola grande picada
2 tomates sem sementes picados
½ xícara de salsinha picada
1 colher (chá) de orégano

Massa
2 xícaras do caldo do cozimento do frango
1 tablete de caldo de galinha
2 colheres (sopa) de margarina
sal a gosto
½ xícara de queijo parmesão ralado
400 g de farinha de trigo
2 batatas cozidas e espremidas

ovo e farinha de rosca para empanar
óleo para fritar

PREPARO

Cozinhe o peito de frango com sal e pimenta-do-reino a gosto. Retire o frango da panela e reserve o caldo do cozimento. Aqueça o azeite numa panela grande e refogue a cebola. Junte o tomate e deixe murchar. Acrescente o peito de frango previamente desfiado, a salsinha e o orégano. Acerte o sal. Misture a cada ingrediente adicionado e deixe cozinhar por alguns minutos. Reserve. Para fazer a massa, em uma panela grande, junte o caldo do cozimento reservado, o tablete de caldo de galinha esfarelado, a margarina e o sal. Deixe ferver em fogo alto por 5 minutos. Em seguida, reduza o fogo e adicione o queijo parmesão ralado e a farinha de trigo. Misture e cozinhe por 2 a 5 minutos, mexendo sempre, até a massa começar a desgrudar do fundo da panela. Coloque a massa sobre uma superfície untada com um fio de óleo. Adicione a batata espremida e mexa com as mãos até ficar homogêneo. Abra porções de massa na palma da mão e empregue o recheio, modelando as coxinhas. Em seguida, passe-as pelo ovo batido e pela farinha de rosca. Frite em óleo quente e deixe-as escorrer em papel-toalha.

Bolinha de queijo

 30 minutos   ◎ 15 unidades

INGREDIENTES

200 g de queijo meia cura ralado
2½ colheres (sopa) de farinha de trigo
2 claras
1 colher (chá) de fermento químico em pó
ovo e farinha de rosca para empanar
óleo para fritar

PREPARO

Em um recipiente médio, coloque o queijo ralado, a farinha, as claras batidas em neve e o fermento. Misture com as mãos até obter uma massa homogênea. A seguir, enrole pequenas bolinhas do mesmo tamanho. Passe-as pelo ovo e pela farinha de rosca. Frite em óleo quente e escorra sobre papel-toalha.

Bolinho de bacalhau

 1 hora   30 unidades

INGREDIENTES

1 kg de batata cozida
500 g de bacalhau dessalgado e cozido
1 xícara bem cheia de cheiro-verde picado
1 ovo ligeiramente batido
1 xícara de farinha de trigo
óleo para fritar

PREPARO

Em uma vasilha grande, coloque a batata passada pelo espremedor, o bacalhau desfiado, o cheiro-verde e o ovo batido. Misture com uma colher e, a seguir, mexa com as mãos, polvilhando com a farinha de trigo. Modele os bolinhos com a ajuda de duas colheres, passando a massa de uma para a outra. Frite os bolinhos em óleo não muito quente. Escorra em papel-toalha para que fiquem sequinhos.

Coxinha de mandioca e carne de sol

🕐 1h10　　◎ 20 unidades

INGREDIENTES

Massa
2 xícaras de leite
50 g de manteiga
3 colheres (sopa) de queijo parmesão
　ralado
1 tablete de caldo de carne ou de galinha
1 colher (chá) de sal
2 xícaras de farinha de trigo
500 g de mandioca cozida

Recheio
4 colheres (sopa) de óleo
2 dentes de alho picados
1 cebola grande picada
1 kg de carne de sol cozida
½ colher (sopa) de orégano
pimenta-do-reino a gosto
uma pitada de sal
1 xícara de cebolinha picada

ovo e farinha de rosca para empanar
óleo para fritar

PREPARO

Em uma panela grande, junte o leite, a manteiga, o queijo, o tablete de caldo esfarelado e o sal. Misture e deixe aquecer em fogo médio por 5 minutos. Desligue o fogo e espere amornar. Acrescente a farinha e misture-a para dissolvê-la. Leve de novo ao fogo baixo por 2 a 5 minutos, mexendo sempre, até começar a desgrudar do fundo da panela. Reserve. Faça o recheio: em fogo médio, aqueça o óleo numa panela média e refogue o alho e a cebola por 3 minutos. Junte a carne de sol previamente passada pelo processador, o orégano, a pimenta e o sal. Mexa e cozinhe por 3 a 5 minutos. Desligue o fogo e misture a cebolinha. Em seguida, espalhe a massa reservada sobre uma superfície lisa. Adicione a mandioca espremida e sove para agregar. Abra porções de massa sobre a palma da mão e empregue o recheio. Modele as coxinhas (feche bem para retirar o ar do interior) e passe-as pelo ovo e pela farinha de rosca. Aqueça bem o óleo numa panela média e frite as coxinhas até ficarem coradas. Coloque-as para escorrer em papel-toalha para que fiquem sequinhas.

Dica: deixe a carne de sol de molho em água de um dia para o outro. A seguir, cozinhe e passe-a posteriormente pelo processador.

Quibe

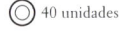 1 hora (+ molho e geladeira) ◎ 40 unidades

INGREDIENTES

500 g de trigo para quibe
3 xícaras de água morna
600 g de carne moída
1 cebola picada
2 colheres (sopa) de hortelã picada
2 colheres (sopa) de salsinha picada
1 colher (sopa) de farinha de trigo
sal e pimenta síria a gosto
1½ xícara de requeijão culinário
óleo para fritar

PREPARO

Cubra o trigo com a água morna e deixe de molho por 4 horas. Escorra e aperte com as mãos para sair todo o líquido. Misture com a carne, a cebola, a hortelã, a salsinha, a farinha, o sal e a pimenta até ficar homogêneo. Abra pequenas porções da massa na mão, recheie com o requeijão e feche, modelando miniquibes. Leve à geladeira por 1 hora. Frite em óleo quente, aos poucos, em imersão, até dourarem. Escorra sobre papel absorvente e sirva.

Dica: para incrementar o tempero da carne, acrescente um pouco de canela em pó à massa do quibe.

Salgadinhos assados

Hamburguinho de forno

 1 hora  30 unidades

INGREDIENTES

Massa

1 tablete de fermento biológico fresco
1 xícara de água morna
1 ovo
3 colheres (sopa) de manteiga amolecida
2 colheres (sopa) de leite em pó
1 colher (sopa) de açúcar
1 colher (chá) de sal
3 xícaras de farinha de trigo

Recheio

600 g de carne moída
1 pacote de mistura para creme de cebola
 em pó
2 xícaras de queijo mozarela ralado grosso

gema para pincelar
gergelim branco e preto para polvilhar

PREPARO

Coloque no liquidificador o fermento, a água, o ovo, a manteiga, o leite em pó, o açúcar e o sal e bata até ficar homogêneo. Despeje em uma tigela grande e acrescente a farinha de trigo aos poucos. Mexa com uma colher ou uma espátula até a massa desprender da lateral da tigela. Se precisar, acrescente mais farinha. Transfira para uma superfície lisa e enfarinhada e sove por 5 minutos, até obter uma massa lisa e meio pegajosa. Cubra e deixe em local protegido por 1 hora. Em outra vasilha, coloque a carne e a mistura para creme de cebola e misture bem. Modele 30 hamburguinhos e reserve. Abra a massa com um rolo e corte 30 discos. Arrume um hamburguinho no centro de cada um e cubra com um pouco do queijo. Feche a massa, formando uma bolinha, e coloque na assadeira. Pincele com a gema e salpique o gergelim. Leve ao forno preaquecido a 180 °C e asse por 25 minutos, ou até dourar.

Enroladinho de salsicha

🕐 1h10　　◎ 20 unidades

INGREDIENTES

1 xícara de água morna
2 tabletes de fermento biológico fresco
1 colher (sopa) de leite em pó
½ colher (sopa) de açúcar
1 colher (chá) de sal
2 ovos
5 xícaras de farinha de trigo
1 colher (sopa) de manteiga
20 salsichas pequenas
gema para pincelar

PREPARO

Coloque no copo do liquidificador a água morna, o fermento esfarelado, o leite em pó, o açúcar, o sal e os ovos. Bata para se agregarem e reserve. Em uma tigela, coloque a farinha (reserve um pouco), a manteiga e a mistura do liquidificador. Mexa com a espátula para misturar bem. Em seguida, sove a massa sobre uma superfície enfarinhada até ficar homogênea (neste momento, se necessário, utilize a farinha reservada). Deixe a massa descansar por 15 minutos coberta com um pano de prato. Abra porções da massa com o rolo (polvilhe com farinha enquanto abre a massa). Corte tiras com cerca de três dedos de largura e enrole-as em cada salsicha. Disponha os enroladinhos numa assadeira retangular untada e polvilhada com farinha. Pincele a massa com a gema e leve ao forno preaquecido a 180 °C por 20 a 25 minutos.

Folhado de queijo

 1h20   15 unidades

INGREDIENTES

Massa
5 xícaras de farinha de trigo
1 colher (chá) de sal
1 colher (chá) de açúcar
300 g de margarina para folhar
2 ovos ligeiramente batidos
1 xícara de água
3 colheres (sopa) de queijo parmesão ralado

Recheio
1 copo de requeijão cremoso
250 g de queijo mozarela ralado

gema para pincelar

PREPARO

Em uma vasilha funda, coloque a farinha (reserve ¾ de xícara para depois), o sal, o açúcar, 1 colher (sopa) de margarina e os ovos. Misture com as mãos, acrescentando água, até obter uma massa que não grude nos dedos (se necessário, utilize parte da farinha reservada). Em seguida, sove a massa sobre uma bancada enfarinhada até ficar lisa e macia. Coloque a massa obtida dentro de um saco plástico e reserve. Em outra vasilha, coloque a farinha reservada, o restante da margarina e o queijo ralado. Misture com as mãos até obter uma pasta. Abra a massa envolta no saco plástico numa bancada com as mãos. Espalhe sobre ela a pasta obtida, dobre-a e leve-a para a geladeira por 40 minutos. Depois, volte a massa gelada à bancada e abra-a com o rolo de macarrão. Dobre-a e passe o rolo novamente. Repita a operação duas vezes. Em seguida, corte retângulos de massa com uma faca, com cerca de 13 cm x 8 cm. Passe sobre eles o requeijão cremoso e distribua a mozarela. Molhe as extremidades da massa e cubra com outro retângulo. Acomode os folhados numa assadeira untada e enfarinhada e pincele com a gema. Leve para assar em forno preaquecido a 200 °C por 20 minutos.

Pizzinha

🕐 1 hora (+ 1h de descanso) ◎ 20 unidades

INGREDIENTES

Recheio
5 xícaras de peito de frango cozido e desfiado
2 xícaras de molho de tomate
1 colher (sopa) de tempero pronto em pó
salsinha picada a gosto
1 xícara de requeijão culinário

Massa
1 colher (sopa) de fermento biológico seco
1 xícara de leite morno
½ xícara de óleo
1 colher (chá) de açúcar
1 colher (chá) de sal
2½ xícaras de farinha de trigo (aproximadamente)

PREPARO

Para o recheio, em uma tigela, misture o frango, o molho, o tempero e a salsinha. Reserve. Em uma vasilha, misture o fermento, o leite, o óleo, o açúcar e o sal até dissolver. Adicione a farinha, aos poucos, amassando por 10 minutos ou até desgrudar das mãos. Se necessário, acrescente mais farinha. Cubra e deixe descansar por 1 hora. Abra a massa com um rolo sobre uma superfície enfarinhada e, com um cortador redondo, corte discos com cerca de 10 cm de diâmetro. Transfira para uma fôrma grande untada com óleo e leve ao forno médio (180 °C), preaquecido, por 8 minutos ou até dourar levemente. Retire, divida o recheio entre as pizzas, cubra com o requeijão e volte ao forno por 5 minutos ou até derreter. Retire e sirva em seguida.

Esfirra de carne

 1 hora   25 unidades

INGREDIENTES

Recheio

500 g de patinho moído
1 cebola grande picada fino
2 tomates médios picados
sal e pimenta-do-reino a gosto
½ maço de hortelã picada
suco de 1 limão

Massa

2 tabletes de fermento biológico fresco
1 colher (sopa) rasa de sal
½ xícara de água morna
1 kg de farinha de trigo
1 colher (sopa) de açúcar
1 xícara de óleo
1 pote de iogurte natural

gema para pincelar

PREPARO

Em uma vasilha funda, junte a carne moída, a cebola, o tomate, o sal, a pimenta, a hortelã e o suco de limão. Misture para agregar. Deixe no tempero por 30 minutos para pegar gosto. A seguir, escorra a carne sobre uma peneira. Reserve. Em outra vasilha, coloque o fermento esfarelado e um pouco do sal. Misture até obter um líquido. Adicione em seguida a água morna e reserve. Em uma terceira vasilha, coloque a farinha (reserve um pouco), o açúcar, o óleo, o fermento reservado e o iogurte. Mexa com as mãos até obter uma massa que não grude nos dedos (se necessário, adicione a farinha reservada). Em seguida, sove a massa sobre uma superfície enfarinhada até ficar homogênea e macia. Deixe descansar por 15 minutos. Passado esse tempo, abra a massa com um rolo sobre uma superfície enfarinhada. Em seguida, molde círculos de massa com um cortador redondo. Coloque uma porção de recheio no centro de cada círculo de massa e, em seguida, puxe as bordas da circunferência sobre o recheio e una as pontas, formando um triângulo. Coloque as esfirras recheadas numa assadeira retangular, untada e enfarinhada, e pincele-as com a gema. Leve para assar em forno preaquecido a 200 °C por 15 minutos, até que fiquem douradas.

Empanada chilena

 1h20   20 unidades

INGREDIENTES

Recheio

3 colheres (sopa) de azeite
2 dentes de alho amassados
1 cebola picada
100 g de frango cortado em cubos
200 g de lombo cortado em cubos
200 g de filé-mignon cortado em cubos
sal e pimenta-do-reino a gosto
100 g de linguiça portuguesa cortada em
  cubos
2 tomates picados
1 xícara de azeitonas pretas chilenas
1 xícara de cebolinha
1 colher (sopa) de farinha de trigo

Massa

4 xícaras de farinha de trigo
100 g de manteiga ou margarina
1 colher (chá) de sal dissolvida em 1 xícara
  de água morna

gema para pincelar

PREPARO

Para fazer o recheio, em fogo alto, aqueça o azeite numa panela grande e refogue o alho e a cebola por 2 minutos. Junte o frango, o lombo e o filé-mignon, tempere com o sal e a pimenta e refogue por 5 minutos, mexendo sem parar. Reduza o fogo para médio, adicione os cubos de linguiça e cozinhe por cerca de 10 minutos, com a panela tampada. A seguir, misture o tomate, as azeitonas e a cebolinha e cozinhe por mais 3 minutos. Se houver muito caldo, adicione um pouco da farinha de trigo e deixe cozinhar até secar. Reserve. Faça a massa: em uma vasilha, coloque a farinha (reserve um pouco), a manteiga e a água com sal, aos poucos. Misture com as mãos até a massa não grudar nos dedos (se necessário, utilize a farinha reservada). Sove a massa sobre uma superfície enfarinhada até ficar homogênea e macia. Deixe descansar por aproximadamente 20 minutos. Depois, abra porções de massa com um rolo. Modele círculos de massa com um cortador redondo e empregue o recheio. Feche unindo as pontas e coloque as empanadas numa assadeira retangular, untada e polvilhada com farinha. Pincele com a gema e leve ao forno preaquecido a 200 °C por 20 minutos. Sirva quente ou fria.

Dica: se preferir, use apenas um tipo de carne para rechear as empanadas. Polvilhe com gergelim branco ou preto ou decore com recortes de massa para diferenciar os sabores.

Pão de queijo

 35 minutos ◎ 35 unidades

INGREDIENTES

1 xícara de leite
½ xícara de óleo
½ colher (sopa) rasa de sal
500 g de polvilho doce
2 ovos
1½ xícara de queijo meia cura ralado

PREPARO

Coloque o leite, o óleo e o sal numa leiteira. Leve ao fogo alto e, quando levantar fervura, despeje a mistura sobre o polvilho previamente colocado numa vasilha. Mexa bem com uma colher de pau, para que o polvilho fique impregnado de líquido. Em seguida, acrescente os ovos, um a um, sempre mexendo com a colher de pau. Junte o queijo ralado e misture com as mãos até que a massa não grude nas mãos. Sove a massa sobre uma superfície enfarinhada, até que ela fique homogênea e macia. Em seguida, enrole pequenas bolinhas na palma da mão, dispondo-as numa assadeira retangular untada e enfarinhada. Leve para assar em forno preaquecido a 200 °C por 20 minutos.

Docinhos caseiros

Pé de moleque

 1 hora   ◎ 35 unidades

INGREDIENTES

1 lata de leite condensado
1 colher (sopa) de manteiga
1 xícara de açúcar
200 g de chocolate meio amargo ralado
1 xícara de amendoim torrado e grosseiramente triturado

PREPARO

Em uma panela, coloque o leite condensado, a manteiga, o açúcar e o chocolate ralado. Cozinhe em fogo baixo por 15 minutos ou até a massa se desprender do fundo da panela. Retire do fogo e adicione o amendoim. Unte uma superfície lisa, de mármore ou granito, com manteiga, despeje a mistura e nivele com uma espátula ou um rolo de macarrão. Deixe esfriar e corte em losangos ou a gosto.

Quindim

 1 hora   ◎ 30 unidadees

INGREDIENTES

1 xícara de açúcar
100 g de coco ralado
1 colher (sopa) de manteiga
10 gemas passadas pela peneira
2 ovos inteiros

PREPARO

Em um recipiente, misture o açúcar e o coco ralado. Junte a manteiga, as gemas passadas pela peneira e os ovos inteiros. Mexa para agregar todos os ingredientes. Reserve. Unte com manteiga e polvilhe com açúcar 30 forminhas para empadas pequenas e distribua a massa reservada. Disponha as forminhas numa assadeira grande e, cuidadosamente, despeje água dentro da assadeira até atingir a metade da altura das forminhas. Leve para assar em forno preaquecido a 180 °C por cerca de 30 minutos. Desenforme os miniquindins ainda mornos e acondicione-os em forminhas de papel laminado forrado com celofane.

Dica: utilize um pincel para untar as forminhas. Com essa mesma massa, você pode fazer um quindão, colocando a mistura numa fôrma de furo no meio.

Surpresinha de cereja

 30 minutos  30 unidades

INGREDIENTES

1 lata de leite condensado
1 gema levemente batida
1 colher (sopa) de manteiga
1 colher (sopa) de farinha de trigo
cereja em calda escorrida
chocolate branco granulado para enrolar

PREPARO

Em uma panela, coloque o leite condensado, a gema, a manteiga e a farinha de trigo. Leve ao fogo baixo e cozinhe por 10 minutos, mexendo sempre até desgrudar do fundo da panela. Transfira a massa para um refratário untado com manteiga e leve à geladeira por 3 horas. A seguir, unte as mãos com manteiga e enrole os docinhos, colocando no centro de cada um deles uma cereja. Passe os doces pelo chocolate granulado e coloque-os em forminhas de papel forradas com papel-celofane.

Dica: para fazer brigadeiro escuro, substitua a gema por 4 colheres (sopa) de chocolate em pó.

Brigadeiro de paçoca

 30 minutos   6 porções

INGREDIENTES

1 lata de leite condensado
1 colher (sopa) de manteiga
400 g de paçoca
1 lata de creme de leite sem soro

PREPARO

Coloque o leite condensado e a manteiga numa panela e leve ao fogo baixo, misturando sem parar, até dar ponto de brigadeiro mole. Em seguida, acrescente a paçoca (reserve um pouco), misture bem e adicione o creme de leite. Misture novamente para ficar homogêneo. Tire a panela do fogo e reparta o creme em tigelinhas individuais. Quando o creme esfriar, polvilhe com um pouco de paçoca e sirva.

Dica: para fazer paçoca, bata 3 xícaras de amendoim torrado e sem pele no liquidificador, apertando a tecla pulsar até triturar.

Doce de leite de corte

 1 hora    40 unidades

INGREDIENTES
2 litros de leite
3 xícaras de açúcar

PREPARO

Coloque o leite para ferver numa panela funda e grossa, em fogo médio. Quando levantar fervura, adicione o açúcar, misture e deixe ferver novamente, mexendo de vez em quando com uma colher de pau, para que não transborde. Então, reduza o fogo e cozinhe, mexendo sem parar, até a mistura ficar espessa e começar a desgrudar do fundo da panela. Desligue o fogo e mexa sem parar com a colher de pau, até sentir a massa pesada. Unte a pia (de mármore ou granito) com margarina, despeje a massa e espalhe-a com uma espátula, deixando sua superfície uniforme. Deixe ficar bem morno e corte o doce em quadrados ou no formato que preferir.

Cocadinha da vovó

 45 minutos   ◎ 25 unidades

INGREDIENTES

1 lata de leite condensado
2 latas de açúcar (use a lata de leite condensado vazia para medir)
200 g de coco seco ralado

PREPARO

Em uma panela, coloque o leite condensado, o açúcar e o coco ralado. Leve ao fogo e cozinhe por 15 minutos, mexendo sem parar, ou até a massa começar a desprender do fundo da panela. Retire do fogo e bata com auxílio de uma espátula. Volte a cocada ao fogo por mais 2 minutos. Repita esse procedimento por duas vezes mais. Depois, unte com manteiga uma bancada de granito e espalhe a cocada, passando o rolo levemente sobre ela para que fique uniforme. Deixe esfriar e, em seguida, corte-a em pedaços com uma faca afiada.

Beijinho

 40 minutos    20 unidades

INGREDIENTES

1 lata de leite condensado
200 g de coco ralado
2 colheres (sopa) de manteiga
coco ralado para enrolar
cravo-da-índia para decorar

PREPARO

Em uma panela, junte o leite condensado e o coco ralado e misture bem. Leve ao fogo médio, mexendo sempre. Assim que começar a esquentar, acrescente a manteiga e deixe cozinhar o tempo necessário para que o creme se desprenda do fundo da panela. Não pare de mexer enquanto isso. Espere amornar. Unte as mãos com manteiga e faça bolinhas do tamanho de um brigadeiro. Coloque o coco ralado em um prato e role a bolinha até que esteja completamente coberta. Espete um cravo e coloque em forminhas de papel laminado para servir.

Cajuzinho

 35 minutos   30 unidades

INGREDIENTES

1 lata de leite condensado
1 xícara de amendoim torrado e moído
1 colher (sopa) de chocolate em pó
1 colher (sopa) de manteiga
açúcar para enrolar
amendoins inteiros torrados sem casca para decorar

PREPARO

Em uma panela, junte o leite condensado, o amendoim moído, o chocolate em pó e a manteiga e leve ao fogo baixo para cozinhar por cerca de 10 minutos, mexendo sem parar, ou até a massa desgrudar do fundo da panela. Coloque a mistura obtida em um prato untado com manteiga e deixe esfriar. Depois, unte as mãos com manteiga e modele os cajuzinhos, passando-os em seguida pelo açúcar. Decore cada doce com um amendoim e acondicione-os em forminhas de papel laminado.

Bicho de pé

 40 minutos   30 unidades

INGREDIENTES

1 lata de leite condensado
1 colher (sopa) de manteiga em temperatura ambiente
1 envelope de gelatina vermelha em pó
açúcar cristal para enrolar

PREPARO

Em uma panela média, misture o leite condensado, a manteiga e a gelatina. Leve ao fogo alto e cozinhe por 4 minutos, mexendo sempre. A seguir, reduza o fogo para o mínimo e continue cozinhando até aparecer o fundo da panela. Desligue. Transfira a massa obtida para um recipiente e deixe esfriar. Depois, enrole bolinhas na palma da mão untada com manteiga, passando em seguida pelo açúcar cristal. Modele o bicho de pé achatando levemente as bolinhas na mão. Embrulhe os docinhos em papel-celofane ou em forminhas de papel laminado.

Docinhos especiais

Bem-casado

 1 hora   35 unidades

INGREDIENTES

Massa
4 ovos
4 colheres (sopa) de açúcar
2 colheres (chá) de fermento em pó
1 xícara de farinha de trigo
1 lata de doce de leite

Calda
2 xícaras de açúcar de confeiteiro
½ xícara de água morna

PREPARO

Bata os ovos e o açúcar por 5 minutos, até obter um creme leve e fofo. Desligue e misture o fermento peneirado. Acrescente a farinha aos poucos, mexendo de baixo para cima até ficar homogêneo. Coloque a massa em uma assadeira de 25 cm x 35 cm untada com manteiga e polvilhada com farinha de trigo. Leve ao forno preaquecido a 200 °C e asse por 25 minutos ou até o pão de ló ficar levemente dourado. Cuidado para não assar demais e a massa ficar como um biscoito. Deixe esfriar em temperatura ambiente. Faça os discos com um cortador redondo e reserve. Espalhe uma colherada do doce de leite sobre um disco de massa e cubra com outro disco, formando um sanduíche. Reserve-os. Para a calda, dissolva o açúcar na água morna até obter uma calda grossa. Apoie cada doce reservado em um garfo ou uma escumadeira e banhe com a calda. Deixe secar sobre uma grelha, em lugar arejado, até formar uma casquinha branca de açúcar.

Dica: para dar um toque crocante ao bem-casado, acrescente ½ xícara de castanhas de caju picadas ao doce de leite.

Olho de sogra

🕐 1 hora   ◎ 35 unidades

INGREDIENTES

35 ameixas-pretas grandes sem caroço

Recheio
1 lata de leite condensado
1 colher (sopa) de manteiga
3 gemas
100 g de coco ralado

Caramelo
3 xícaras de açúcar
1½ xícara de água
1 colher (chá) de glucose de milho

PREPARO

Faça o recheio: em uma panela, junte o leite condensado, a manteiga, as gemas e o coco ralado. Sempre mexendo, cozinhe até a massa desgrudar do fundo da panela (mais ou menos 5 minutos). Transfira o recheio para um refratário e espere esfriar. A seguir, unte ligeiramente as mãos com manteiga e enrole porções de recheio no formato de um pequeno croquete. Cuidadosamente, abra as ameixas e recheie cada uma delas com um croquetezinho. Para fazer o caramelo, misture o açúcar e a água numa panela e ferva em fogo baixo por 12 minutos (não mexa mais), até obter uma calda cor de guaraná. Adicione a glucose, misture delicadamente e deixe no fogo por mais 2 minutos. Espete as ameixas recheadas com palitos e banhe-as na calda de caramelo quente. Deixe os docinhos secarem sobre uma assadeira untada com manteiga. Depois, descarte os palitos e acondicione os docinhos em forminhas brancas de papel.

Dica: com essa mesma calda, você também pode caramelizar cerejas, figos e damascos.

Camafeu de nozes

 1 hora  30 unidades

INGREDIENTES

Massa
1 lata de leite condensado
200 g de nozes moídas

Fondant
3½ xícaras de açúcar de confeiteiro
¼ de xícara de leite
algumas gotas de limão

metades de nozes para decorar

PREPARO

Em uma panela, coloque o leite condensado e as nozes moídas. Leve ao fogo, mexendo sempre, até desgrudar do fundo da panela (cerca de 5 minutos). A seguir, transfira a mistura para um refratário e deixe esfriar por algumas horas. Unte as mãos com manteiga, pegue uma porção da massa, modele uma bolinha e pressione-a levemente com a palma das mãos para achatá-la. Faça o mesmo com o restante da massa. Reserve. Prepare a cobertura de fondant: em uma vasilha funda, coloque o açúcar de confeiteiro peneirado e, aos poucos, misture o leite até obter uma pasta. Leve ao fogo em banho-maria, pingue algumas gotas de limão e misture por alguns segundos. Em seguida, banhe os camafeus no fondant quente e coloque uma metade de noz sobre cada um deles. Deixe secar e arrume os camafeus em formi-nhas de papel laminado.

Dica: caso o fondant endureça, acrescente um pouco de leite e misture até voltar ao ponto.

112

Segredinho

🕐 1 hora   ◎ 30 unidades

INGREDIENTES

2 xícaras de chocolate em pó
2 xícaras de leite em pó
1 lata de leite condensado
200 g de bananas-passas
açúcar de confeiteiro para enrolar

PREPARO

Em uma tigela grande, misture bem o chocolate e o leite em pó. Em seguida, junte o leite condensado e mexa bem com uma colher, até formar uma massa compacta que não grude nas mãos (se necessário, acrescente mais um pouco de leite em pó). Deixe na geladeira por alguns minutos para firmar. Enquanto isso, corte as bananas-passas em pedaços pequenos, de 1 cm cada. Depois, unte as mãos com manteiga e faça bolinhas com a massa, colocando um pedacinho de banana-passa dentro de cada uma delas. Em seguida, passe os docinhos pelo açúcar de confeiteiro e acondicione-os em forminhas de papel laminado.

Dica: experimente trocar a banana-passa por outro tipo de fruta seca, como maçã, pera, uvas-passas ou damasco.

Carolinas com doce de leite

 1 hora   ◎ 20 unidades

INGREDIENTES

Massa
1 xícara de água
5 colheres (sopa) de manteiga
uma pitada de sal
1 xícara de farinha de trigo
3 ovos

Recheio e cobertura
1 lata de doce de leite
120 g de chocolate ao leite fracionado

PREPARO

Em uma panela, coloque a água, a manteiga e o sal. Deixe ferver por alguns minutos e, em seguida, adicione a farinha de uma só vez e cozinhe por 2 minutos, sem parar de mexer para não empelotar. Quando desgrudar da panela, tire do fogo e transfira a mistura para a batedeira. Bata em velocidade alta, acrescentando os ovos, um a um, até a massa ficar homogênea e pegajosa. Coloque a massa obtida em um saco de confeitar com bico perlê e modele as carolinas (pequenas bolinhas) sobre assadeiras untadas e enfarinhadas. Leve para assar em forno preaquecido a 200 °C por 25 a 30 minutos. Quando as carolinas estiverem frias, corte-as ao meio com uma tesoura e recheie-as com doce de leite usando o bico de confeiteiro. Em seguida, passe chocolate derretido por cima e deixe esfriar.

Dica: substitua o recheio de doce de leite por geleia de morango, brigadeiro ou sorvete.

Churros

 40 minutos    8 porções

INGREDIENTES

1 xícara de água
2 colheres (sopa) de margarina com sal
2 colheres (sopa) de açúcar
2 xícaras de farinha de trigo
3 ovos
óleo para fritar
açúcar e canela em pó para polvilhar
doce de leite para rechear

PREPARO

Em uma panela, aqueça a água em fogo baixo, acrescente a margarina e o açúcar. Mexa bem até dissolver toda a margarina. Aos poucos, adicione a farinha de trigo, mexendo sempre com uma colher, até que a massa se desprenda do fundo da panela. Tire do fogo e acrescente os ovos, um a um, mexendo bem, até misturar toda a massa. Em seguida, coloque a massa em um saco de confeitar com bico pitanga. Aqueça o óleo. Quando estiver bem quente, faça os churros do comprimento que preferir, espremendo a massa bem próximo do óleo. Espere fritar até ficar dourado. Coloque os churros fritos para escorrer sobre papel-toalha e, em seguida, passe-os pelo açúcar misturado com canela. Se quiser, recheie os churros com doce de leite usando um bico perlê.

Alfajor

 50 minutos   ◎ 20 unidades

INGREDIENTES

Massa
3 xícaras de amido de milho
1 xícara de açúcar
½ xícara de margarina
1 ovo
1 gema
½ colher (chá) de essência de baunilha

Recheio e cobertura
400 g de doce de leite
400 g de chocolate meio amargo fracionado

PREPARO

Em um recipiente fundo, coloque o amido de milho, o açúcar, a margarina, o ovo, a gema e a baunilha. Misture com as mãos até obter uma massa que não grude nos dedos (se necessário, adicione um pouco mais de amido de milho). A seguir, sove a massa sobre uma bancada enfarinhada até ficar lisa e macia. Deixe-a descansar por 10 minutos coberta com um pano. Depois disso, abra-a com um rolo e modele rodelas de massa com a ajuda de um cortador redondo. Disponha as rodelas de massa numa assadeira grande untada e enfarinhada. Leve para assar em forno preaquecido a 200 °C por 15 minutos. Retire do forno e deixe esfriar. Depois, espalhe doce de leite sobre uma rodela e cubra-a com outra, fazendo um sanduíche. Faça isso até terminar a massa. A seguir, banhe os alfajores com o chocolate derretido em banho-maria, colocando-os para secar sobre papel-alumínio.

Sonho

 1 hora   20 unidades

INGREDIENTES

Massa
3 tabletes de fermento biológico fresco
½ colher (chá) de sal
1 xícara de leite morno
3 colheres (sopa) de açúcar
3 ovos
2 colheres (sopa) de manteiga
6 xícaras de farinha de trigo

Recheio
1 lata de leite condensado
1 lata de leite (use a lata de leite condensado vazia para medir)
2 colheres (sopa) de amido de milho
3 gemas
1 colher (chá) de essência de baunilha

açúcar e canela em pó para polvilhar

PREPARO

Coloque, numa tigela, o fermento e o sal e misture até virar um líquido. Acrescente o leite morno, o açúcar e os ovos. Em seguida, mexa para que os ingredientes se misturem. Adicione a manteiga e vá acrescentando a farinha, aos poucos. Depois, mexa até obter uma massa que não grude nos dedos (coloque mais farinha, se necessário). A seguir, sove a massa em uma superfície enfarinhada até ficar compacta, porém macia. Deixe descansar por cerca de 20 minutos. Feito isso, abra a massa com um rolo. Modele os sonhos com um cortador redondo e acomode-os em assadeiras enfarinhadas, mantendo distância entre eles. Deixe descansar por cerca de 20 minutos, para que dobrem de volume. Depois, frite os sonhos e coloque-os para escorrer em papel-toalha. Deixe esfriar para depois rechear. Enquanto isso, prepare o recheio: em uma panela, misture o leite condensado, o leite (reserve um pouco) e o amido de milho dissolvido no leite reservado e as gemas. Cozinhe em fogo baixo por cerca de 5 minutos até engrossar. Desligue e adicione a essência de baunilha. Deixe esfriar. Abra os sonhos ao meio com uma tesoura e recheie-os. Para finalizar, polvilhe com uma mistura de açúcar e canela.

Donut

 50 minutos 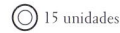 15 unidades

INGREDIENTES

Massa

2 tabletes de fermento biológico fresco
½ colher (chá) de sal
1 xícara de leite
4 xícaras de farinha de trigo
½ xícara de fécula de batata
½ xícara de açúcar
2 ovos levemente batidos
80 g de manteiga em temperatura
  ambiente

Creme

1 xícara de água
½ xícara de leite
1 xícara de açúcar
5 colheres (sopa) de amido de milho
5 gemas
½ colher (sopa) de essência de baunilha

Cobertura

300 g de chocolate ao leite fracionado
chocolate granulado para polvilhar

PREPARO

Em uma tigela pequena, esfarele o fermento e junte o sal. Misture até obter um líquido. Reserve. Em uma tigela funda, junte o leite, a farinha (reserve um pouco), a fécula de batata, o açúcar, o ovo batido, a manteiga e o fermento reservado. Misture com as mãos até obter uma massa que não grude nos dedos (se necessário, utilize a farinha reservada). A seguir, sove a massa sobre uma superfície enfarinhada até ficar compacta, porém macia, e deixe-a crescer por 1 hora. Depois, sobre uma bancada enfarinhada, abra porções da massa com um rolo, deixando-a com uma espessura de 1 cm. Modele rodelas de massa com um cortador redondo e use uma taça de licor para fazer o buraco no meio de cada donut. Acomode as rodelas numa assadeira grande, untada e enfarinhada, e deixe crescer por mais 15 minutos. Enquanto isso, prepare o creme: em uma panela, junte a água, o leite (reserve um pouco), o açúcar e o amido de milho dissolvido no leite reservado. Leve ao fogo baixo e cozinhe até o creme engrossar (mexa continuamente para não empelotar). Retire do fogo, junte a gema batida e misture para agregar. Retorne ao fogo e cozinhe por 3 a 4 minutos ou até engrossar. Desligue e misture a baunilha. Deixe esfriar. A seguir, frite a massa em óleo quente e coloque-a para escorrer sobre papel-toalha. Deixe esfriar. Depois, corte os donuts ao meio e empregue o recheio. Na sequência, banhe somente a superfície dos donuts com o chocolate derretido em banho-maria e polvilhe-os com o granulado. Leve à geladeira por 3 minutos para firmar o chocolate e sirva.

Dica: recheie os donuts também com doce de leite ou brigadeiro.

Bolinho Red Velvet

 2 horas　　◎ 35 unidades

INGREDIENTES

Massa
4 ovos
4 colheres (sopa) de açúcar
2 colheres (chá) de fermento em pó
1 xícara de farinha de trigo
corante em gel vermelho

Recheio
1½ xícara de açúcar
1 colher (sopa) de manteiga
1 pote de cream cheese
1 colher (chá) de essência de baunilha

açúcar de confeiteiro para polvilhar

PREPARO

Para fazer a massa, bata os ovos e o açúcar por 5 minutos, até obter um creme leve e fofo. Desligue e misture o fermento peneirado. Acrescente a farinha aos poucos, mexendo de baixo para cima até ficar homogêneo. Coloque o corante em um pratinho descartável e, com um palito, pingue uma gotinha por vez na massa, mexendo a cada adição até obter a cor desejada. Coloque a massa em uma assadeira de 25 cm x 35 cm untada com manteiga e polvilhada com farinha de trigo. Leve ao forno preaquecido a 200 °C e asse por 25 minutos ou até o pão de ló ficar levemente dourado. Cuidado para não assar demais e a massa ficar como um biscoito. Deixe esfriar em temperatura ambiente. Faça os discos com um cortador redondo e reserve. Para fazer o recheio, bata o açúcar e a manteiga até obter um mistura esbranquiçada. Junte o cream cheese e a baunilha e bata até obter um creme homogêneo. Espalhe uma colherada do recheio sobre um disco de massa e cubra com outro disco, formando um sanduíche. Polvilhe com o açúcar de confeiteiro por cima.

Trufas

Trufa de coco

30 minutos (+ geladeira)   45 unidades

INGREDIENTES

500 g de chocolate branco picado
1 caixinha de creme de leite
100 g de coco ralado seco
1 colher (sopa) de essência de coco
  (opcional)
açúcar para polvilhar
500 g de chocolate meio amargo

PREPARO

Coloque o chocolate branco em um refratário e leve para derreter em banho-maria, tomando cuidado para que o fundo do refratário não encoste na água fervente. Retire do fogo e acrescente o creme de leite, o coco ralado e a essência de coco, se estiver usando. Mexa até obter uma pasta homogênea. Deixe esfriar bem em temperatura ambiente. Depois tampe e deixe na geladeira por 12 horas. Passado esse tempo, modele bolinhas de massa do tamanho desejado e passe pelo açúcar. Leve as trufas de volta à geladeira e deixe por mais 4 horas. Para a cobertura, repita o procedimento para derreter o chocolate meio amargo e espere esfriar um pouco antes de utilizar. Use um garfo para banhar as trufas no chocolate derretido e coloque-as sobre papel-manteiga ou papel-alumínio para secar em temperatura ambiente. Mantenha fora da geladeira, em local fresco e arejado.

Trufa de café

 2 horas (+ geladeira) ◎ 40 unidades

INGREDIENTES

1 kg de chocolate meio amargo para cobertura picado
1 lata de creme de leite sem soro
1 colher (sopa) de glucose de milho
1 colher (chá) de café solúvel em grãos
2 colheres (sopa) de conhaque
açúcar e chocolate em pó para polvilhar

PREPARO

Coloque metade do chocolate e o creme de leite em um refratário e leve para derreter em banho-maria, tomando cuidado para que o fundo do refratário não encoste na água fervente. Tire do fogo e junte a glucose. Dissolva o café no conhaque e acrescente à mistura de chocolate, mexendo até obter uma pasta homogênea. Deixe esfriar bem em temperatura ambiente. Depois tampe e deixe na geladeira por 12 horas. Passado esse tempo, modele bolinhas de massa do tamanho desejado e passe pelo açúcar. Leve as trufas de volta à geladeira e deixe por mais 4 horas. Para a cobertura, repita o procedimento de banho-maria para derreter o restante do chocolate. Espere esfriar um pouco antes de utilizar. Use um garfo para banhar as trufas no chocolate derretido e coloque-as sobre papel-manteiga ou papel-alumínio para secar em temperatura ambiente. Quando estiverem secas, passe pelo chocolate em pó. Mantenha fora da geladeira, em local fresco e arejado.

Trufa de maracujá

 2 horas (+ geladeira)    45 unidades

INGREDIENTES

1 envelope de gelatina em pó sem sabor
800 g de chocolate branco picado
½ lata de creme de leite sem soro
8 colheres (sopa) de suco de maracujá concentrado
açúcar para polvilhar

PREPARO

Prepare a gelatina sem sabor conforme as instruções da embalagem e deixe de lado para esfriar bem. Coloque 500 g de chocolate em um refratário e leve para derreter em banho-maria, tomando cuidado para que o fundo do refratário não encoste na água fervente. Retire do fogo e acrescente o creme de leite, o suco de maracujá e a gelatina reservada. Mexa até obter uma pasta homogênea. Deixe esfriar bem em temperatura ambiente. Depois tampe e deixe na geladeira por 12 horas. Passado esse tempo, modele bolinhas de massa do tamanho desejado e passe pelo açúcar. Leve as trufas de volta à geladeira e deixe por mais 4 horas. Para a cobertura, repita o procedimento para derreter o restante do chocolate e espere esfriar um pouco antes de utilizar. Use um garfo para banhar as trufas no chocolate derretido e coloque-as sobre papel-manteiga ou papel-alumínio para secar em temperatura ambiente. Mantenha fora da geladeira, em local fresco e arejado.

Trufa de limão

 2 horas (+ geladeira)    60 unidades

INGREDIENTES

1 kg de chocolate branco picado
½ lata de creme de leite sem soro
2 colheres (sopa) de manteiga
2 colheres (chá) de glucose de milho
2 colheres (sopa) de suco de limão
açúcar para polvilhar
raspas de casca de limão para enfeitar

PREPARO

Coloque metade do chocolate em um refratário e leve para derreter em banho-maria, tomando cuidado para que o fundo do refratário não encoste na água fervente. Retire do fogo e acrescente o creme de leite, a manteiga, a glucose de milho e o suco de limão. Mexa até obter uma pasta homogênea. Deixe esfriar bem em temperatura ambiente. Depois tampe e deixe na geladeira por 12 horas. Passado esse tempo, modele bolinhas de massa do tamanho desejado e passe pelo açúcar. Leve as trufas de volta à geladeira e deixe por mais 4 horas. Para a cobertura, repita o procedimento para derreter o restante do chocolate e espere esfriar um pouco antes de utilizar. Use um garfo para banhar as trufas no chocolate derretido e coloque-as sobre papel-manteiga ou papel-alumínio para secar em temperatura ambiente. Quando estiverem quase secas, passe pelas raspas de limão. Mantenha fora da geladeira, em local fresco e arejado.

Trufa de chocolate com pimenta

⏱ 2 horas (+ geladeira)   ◎ 50 unidades

INGREDIENTES

1 kg de chocolate meio amargo picado
1 xícara de creme de leite
1 pimenta dedo-de-moça cortada ao meio sem sementes
½ colher (chá) de pimenta-de-caiena
uma pitada de sal
chocolate em pó para polvilhar

PREPARO

Coloque o chocolate meio amargo em um refratário e reserve. Leve o creme de leite e a pimenta dedo-de-moça ao fogo médio-alto até ferver. Retire a pimenta e despeje essa mistura sobre o chocolate picado. Acrescente a pimenta-de-caiena e o sal e deixe por 1 a 3 minutos. Mexa delicadamente até o chocolate derreter completamente e a mistura ficar lisa. Leve à geladeira por, no mínimo, 4 horas ou de um dia para o outro. Modele as trufas com uma colher de metal ou um boleador. Se preciso, role a trufa entre a palma das mãos para ficar bem redondinha. Passe pelo chocolate em pó e mantenha refrigerado.

Dica: para variar o sabor, use chocolate ao leite e aromatize o creme de leite com pimenta rosa.

Trufa de paçoca

 2 horas (+ geladeira) ◎ 40 unidades

INGREDIENTES

500 g de chocolate branco para cobertura picado
½ lata de creme de leite sem soro
6 paçocas de rolha esmigalhadas
açúcar de confeiteiro para enrolar
500 g de chocolate ao leite para cobertura picado
amendoim picado para polvilhar

PREPARO

Coloque o chocolate branco e o creme de leite em um refratário e leve para derreter em banho-maria, tomando cuidado para que o fundo do refratário não encoste na água fervente. Tire do fogo e junte a paçoca, mexendo até obter uma pasta homogênea. Deixe esfriar bem em temperatura ambiente. Depois tampe e deixe na geladeira por 12 horas. Passado esse tempo, modele bolinhas de massa do tamanho desejado e passe pelo açúcar. Leve as trufas de volta à geladeira e deixe por mais 4 horas. Para a cobertura, repita o procedimento de banho-maria para derreter o chocolate ao leite. Espere esfriar um pouco antes de utilizar. Use um garfo para banhar as trufas no chocolate derretido e coloque-as sobre papel-manteiga ou papel-alumínio para secar em temperatura ambiente. Quando estiverem quase secas, polvilhe com um pouco de amendoim picado por cima. Mantenha fora da geladeira, em local fresco e arejado.

Dica: polvilhe com raspas de chocolate em vez de amendoim ou acrescente 1 colher (sopa) de licor de amendoim para variar o sabor.

Trufa clássica

 2 horas (+ geladeira)　　◎ 50 unidades

INGREDIENTES

500 g de chocolate meio amargo picado
1 caixa de creme de leite sem soro
1 colher (sopa) de essência de baunilha
3 colheres (sopa) de licor de cacau
500 g de chocolate ao leite picado
chocolate em pó para polvilhar

PREPARO

Coloque o chocolate meio amargo em um refratário e leve para derreter em banho-maria, tomando cuidado para que o fundo do refratário não encoste na água fervente. Retire do fogo e junte o creme de leite, a essência e o licor. Mexa bem e leve à geladeira por 12 horas. Derreta o chocolate ao leite também em banho-maria. Retire do fogo e mexa até esfriar. Modele as trufas com uma colher de metal. Use um garfo para banhar as trufas no chocolate derretido e coloque-as sobre papel-manteiga ou papel-alumínio para secar em temperatura ambiente. Quando estiverem secas, passe pelo chocolate em pó e mantenha fora da geladeira, em local fresco e arejado.

Trufa de banana

 2 horas (+ geladeira)   40 unidades

INGREDIENTES

2 xícaras (chá) de banana picada
2 xícaras (chá) de açúcar
½ colher (chá) de canela em pó
½ colher (chá) de cravo em pó
1 kg de chocolate branco para cobertura picado
½ lata de creme de leite sem soro
açúcar para polvilhar
500 g de chocolate ao leite para cobertura picado

PREPARO

Coloque a banana, o açúcar, a canela e o cravo em uma panela e leve ao fogo alto até começar a borbulhar. Reduza o fogo e cozinhe até obter uma pasta grossa, mexendo sempre para não grudar. Retire do fogo e reserve. Coloque o chocolate branco e o creme de leite em um refratário e leve para derreter em banho-maria, tomando cuidado para que o fundo do refratário não encoste na água fervente. Tire do fogo e junte o doce de banana, mexendo até obter uma pasta homogênea. Deixe esfriar bem em temperatura ambiente. Depois tampe e deixe na geladeira por 12 horas. Passado esse tempo, modele bolinhas de massa do tamanho desejado e passe pelo açúcar. Leve as trufas de volta à geladeira e deixe por mais 4 horas. Para a cobertura, repita o procedimento de banho-maria para derreter o chocolate ao leite. Espere esfriar um pouco antes de utilizar. Use um garfo para banhar as trufas no chocolate derretido e coloque-as sobre papel-manteiga ou papel-alumínio para secar em temperatura ambiente. Mantenha fora da geladeira, em local fresco e arejado.

Trufa de chocolate com cerveja

🕐 2 horas (+ geladeira)   ◎ 50 unidades

INGREDIENTES

1 kg de chocolate meio amargo picado
2 xícaras de cerveja escura amarga
1 xícara de creme de leite
uma pitada de sal
chocolate em pó para polvilhar

PREPARO

Coloque o chocolate meio amargo em um refratário e reserve. Leve a cerveja ao fogo médio-alto até ferver. Reduza o fogo e deixe o volume reduzir pela metade. Acrescente o creme de leite e ferva novamente. Despeje essa mistura sobre o chocolate picado. Acrescente o sal e deixe por 1 a 3 minutos. Mexa delicadamente até o chocolate derreter completamente e a mistura ficar lisa. Leve à geladeira por, no mínimo, 4 horas ou de um dia para o outro. Modele as trufas com uma colher de metal ou um boleador. Se preciso, role a trufa entre a palma das mãos para ficar bem redondinha. Passe pelo chocolate em pó e mantenha refrigerado.

Trufa rápida de castanha

🕐 1 hora   ◎ 20 unidades

INGREDIENTES

1 xícara de castanha de caju crua sem sal
180 g de chocolate meio amargo picado
½ xícara de uvas-passas claras

PREPARO

Toste a castanha de caju em uma frigideira sem gordura, mexendo sempre, por alguns minutos. Pique grosseiramente e reserve. Coloque metade do chocolate em um refratário e leve para derreter em banho-maria, tomando cuidado para que o fundo do refratário não encoste na água fervente. Remova do fogo e misture o restante do chocolate até ficar homogêneo. Junte a castanha de caju e a uva-passa e misture novamente. Coloque colheradas dessa massa em uma assadeira forrada com papel-manteiga, deixando 2 cm entre elas. Leve à geladeira por, no mínimo, 20 minutos para firmar.

Bombons

Bombom de geleia

🕐 2 horas   ◎ 30 unidades

INGREDIENTES

500 g de chocolate branco para cobertura picado
¼ de xícara de geleia de uva

PREPARO

Coloque o chocolate em um refratário e leve para derreter em banho-maria, tomando cuidado para que o fundo do refratário não encoste na água fervente. Para fazer a casquinha do bombom, coloque uma colherada do chocolate derretido já frio em cada cavidade das forminhas. Bata a fôrma delicadamente sobre uma superfície lisa para acomodar o chocolate e eliminar eventuais bolhinhas de ar. Escorra o excesso, virando de cabeça para baixo sobre o recipiente com o chocolate derretido. Cubra com papel impermeável ou papel-manteiga e leve à geladeira por 5 minutos, com a abertura para baixo. Repita o procedimento quantas vezes forem necessárias (ver dicas na pág. 14). Depois que a casquinha do bombom firmar, coloque um pouco de geleia na cavidade. Cubra com chocolate derretido e leve de volta à geladeira. Os bombons estarão prontos quando o molde estiver opaco.

Dica: varie o sabor do chocolate, usando meio amargo ou ao leite. Combine a geleia com um pouco de bebida alcoólica, como laranja e cachaça, morango e licor ou abacaxi e rum. Use forminhas sortidas para cada sabor.

Bombom de caramelo

 2 horas (+ geladeira)    30 unidades

INGREDIENTES

1 xícara de leite
uma pitada de sal
¼ de xícara de glucose de milho
1 lata de creme de leite
2 xícaras de açúcar
200 g de manteiga
500 g de chocolate ao leite para cobertura picado

PREPARO

Para o recheio, coloque o leite, o sal, a glucose e o creme de leite em uma panela e leve ao fogo alto, mexendo sempre, até ferver. Desligue o fogo e reserve. Coloque o açúcar em outra panela e leve ao fogo baixo para dourar. Acrescente a manteiga e mexa delicadamente até ela derreter e o conjunto adquirir a consistência de caramelo. Junte a mistura de leite reservada e continue cozinhando em fogo baixo, até o ponto de bala mole. Retire do fogo e deixe esfriar completamente. Enquanto isso, coloque o chocolate em um refratário e leve para derreter em banho-maria, tomando cuidado para que o fundo do refratário não encoste na água fervente. Para fazer a casquinha do bombom, coloque uma colherada do chocolate derretido já frio em cada cavidade das forminhas. Bata a fôrma delicadamente sobre uma superfície lisa para acomodar o chocolate e eliminar eventuais bolhinhas de ar. Escorra o excesso, virando de cabeça para baixo sobre o recipiente com o chocolate derretido. Cubra com papel impermeável ou papel-manteiga e leve à geladeira por 5 minutos, com a abertura para baixo. Repita o procedimento quantas vezes forem necessárias (ver dicas na pág. 14). Depois que a casquinha do bombom firmar, coloque um pouco do recheio reservado na cavidade. Cubra com chocolate derretido e leve de volta à geladeira. Os bombons estarão prontos quando o molde estiver opaco.

Dica: teste o ponto de bala mole colocando um pouco de caramelo em uma xícara com água fria. Se conseguir moldar uma bolinha, o ponto de bala está correto. Para variar o sabor, misture 1 xícara de amendoim tostado sem pele e picado ao recheio assim que tirar do fogo para esfriar.

Bombom de frutas secas

🕐 1h30   ◎ 30 unidades

INGREDIENTES

500 g de chocolate meio amargo para cobertura picado
¼ de xícara de uvas-passas claras e escuras

PREPARO

Coloque o chocolate em um refratário e leve para derreter em banho--maria, tomando cuidado para que o fundo do refratário não encoste na água fervente. Para fazer a casquinha do bombom, coloque uma colherada do chocolate derretido já frio em cada cavidade das forminhas. Bata a fôrma delicadamente sobre uma superfície lisa para acomodar o chocolate e eliminar eventuais bolhinhas de ar. Escorra o excesso, virando de cabeça para baixo sobre o recipiente com o chocolate derretido. Cubra com papel impermeável ou papel-manteiga e leve à geladeira por 5 minutos, com a abertura para baixo. Repita o procedimento quantas vezes forem necessárias (ver dicas na pág. 14). Depois que a casquinha do bombom firmar, coloque um pouco de uva-passa na cavidade. Cubra com chocolate derretido e leve de volta à geladeira. Os bombons estarão prontos quando o molde estiver opaco.

Dica: varie o sabor combinando chocolate branco com ameixa seca picada, ao leite com damasco picado ou meio amargo com banana-passa. Use também nozes, amêndoas ou avelãs, lembrando sempre de comprar a versão sem sal.

Bombom de licor

INGREDIENTES

300 g de chocolate ao leite para cobertura
1 pacote de gotas de licor

PREPARO

Coloque o chocolate em um refratário e leve para derreter em banho-maria, tomando cuidado para que o fundo do refratário não encoste na água fervente. Enquanto isso, prepare uma bacia com água e gelo. Coloque o refratário sobre a bacia e dê um choque térmico para esfriar o chocolate. Cuidado para não espirrar água no chocolate para ele não ficar esbranquiçado e comprometer a aparência do bombom. Preencha as cavidades de forminhas de bombons pequenas com chocolate derretido até a metade. Bata a fôrma delicadamente sobre uma superfície lisa para acomodar o chocolate e eliminar eventuais bolhinhas de ar. Coloque uma gota de licor no centro e afunde com o dedo. Cubra com mais chocolate derretido. Limpe o excesso e leve à geladeira por algumas horas, até firmar. Os bombons estarão prontos quando se soltarem sem esforço da fôrma.

Dica: as gotas de licor são encontradas nas lojas especializadas em produtos de confeitaria.

Bombom de cereja

 2 horas   ◎ 50 unidades

INGREDIENTES

Recheio

½ lata de creme de leite
1 colher (sopa) de manteiga
1 colher (sopa) de mel
400 g de chocolate branco para cobertura
  picado
½ colher (chá) de essência de cereja
1 colher (sopa) de licor de cereja
  ou de cassis
25 cerejas em calda cortadas ao meio

Cobertura

400 g de chocolate meio amargo para
  cobertura picado

PREPARO

Coloque o creme de leite, a manteiga e o mel em uma panela e leve ao fogo alto. Espere ferver e retire do fogo. Adicione o chocolate branco e misture vigorosamente, mas com cuidado, até que o chocolate derreta. Acrescente a essência e o licor e misture até ficar homogêneo. Deixe esfriar bem em temperatura ambiente. Depois cubra com filme de PVC e deixe na geladeira por 1 hora. Para fazer a cobertura, coloque o chocolate meio amargo em um refratário e leve para derreter em banho-maria, tomando cuidado para que o fundo do refratário não encoste na água fervente. Para fazer a casquinha do bombom, coloque uma colherada de chocolate derretido em cada cavidade das forminhas. Bata a fôrma delicadamente sobre uma superfície lisa para acomodar o chocolate e eliminar eventuais bolhinhas de ar. Escorra o excesso, virando de cabeça para baixo sobre o recipiente com o chocolate derretido. Cubra com papel impermeável ou papel-manteiga e leve à geladeira por 5 minutos, com a abertura para baixo. Repita o procedimento quantas vezes forem necessárias (ver dicas na pág. 14). Depois que a casquinha do bombom firmar, coloque uma metade de cereja na cavidade e cubra com um pouco do recheio. Cubra com chocolate derretido e leve de volta à geladeira. Os bombons estarão prontos quando se soltarem da fôrma.

Rosinhas

 1h10    50 unidades

INGREDIENTES

1 kg de chocolate branco para cobertura picado
algumas gotas de corante cor-de-rosa para chocolate
2 latas de leite condensado cozido na panela de pressão

PREPARO

Coloque o chocolate em um refratário e leve para derreter em banho-
-maria, tomando cuidado para que o fundo do refratário não encoste
na água fervente. Adicione o corante, apenas uma gota por vez, mexendo a cada adição, até obter a cor desejada. Para fazer a casquinha
do bombom, coloque uma colherada do chocolate derretido já frio
em cada cavidade das forminhas. Bata a fôrma delicadamente sobre
uma superfície lisa para acomodar o chocolate e eliminar eventuais
bolhinhas de ar. Escorra o excesso, virando de cabeça para baixo sobre o recipiente com o chocolate derretido. Cubra com papel impermeável ou papel-manteiga e leve à geladeira por 5 minutos, com a
abertura para baixo. Repita o procedimento quantas vezes forem necessárias (ver dicas na pág. 14). Depois que a casquinha do bombom
firmar, coloque um pouco do doce de leite na cavidade. Cubra com
chocolate derretido e leve de volta à geladeira. Os bombons estarão
prontos quando o molde estiver opaco.

*Dica: para fazer o doce de leite, coloque as latas de leite condensa-
do na panela de pressão e cubra com água. Cozinhe por 40 minutos
contados depois que a panela começar a chiar. Deixe a pressão sair
naturalmente e espere a lata esfriar completamente antes de abrir e
rechear os bombons.*

Bombom casadinho

 1h30   40 unidades

INGREDIENTES

Beijinho
1 lata de leite condensado
1 pacote (100 g) de coco ralado umedecido
2 colheres (sopa) de manteiga

Brigadeiro
1 lata de leite condensado
1 colher (sopa) de manteiga
3 colheres (sopa) de chocolate em pó

Cobertura
400 g de chocolate meio amargo hidrogenado para cobertura
coco ralado para polvilhar

PREPARO

Para fazer o beijinho, coloque o leite condensado, o coco ralado e a manteiga em uma panela e leve ao fogo médio, mexendo sempre até obter uma pasta consistente que solte do fundo da panela; isso deve levar uns 20 minutos. Retire do fogo e deixe esfriar. Em outra panela, repita o procedimento para preparar o brigadeiro. Transfira para um refratário untado e deixe esfriar. Quando estiver bem frio, modele bolinhas pequenas de brigadeiro. Depois, abra uma porção de beijinho na palma da mão e coloque um brigadeirinho no centro. Enrole, formando o bombom, e coloque sobre uma assadeira forrada com papel-manteiga. Repita o procedimento até acabar com os dois doces. Leve as bolinhas à geladeira por pelo menos 2 horas. Coloque o chocolate meio amargo em um refratário e leve para derreter em banho-maria, tomando cuidado para que o fundo do refratário não encoste na água fervente. Use um garfo para banhar as bolinhas no chocolate derretido e coloque-as sobre papel-manteiga ou papel-alumínio. Polvilhe com coco ralado e mantenha em local fresco e arejado para secar em temperatura ambiente.

Índice alfabético das receitas

Salgados

Baguete folhada de queijo 51

Bolinha de queijo.. 84

Bolinha de salame 80

Bolinho de bacalhau.. 85

Brioche com presunto e queijo 52

Ciabatta.. 38

Coxinha de frango 83

Coxinha de mandioca e carne de sol 87

Croissant 39

Empadão de abobrinha 34

Empadão de quatro queijos 28

Empanada chilena.. 97

Enroladinho de salsicha.. 92

Esfirra de carne 95

Focaccia à pizzaiola 54

Folhado de queijo 93

Hamburguinho de forno 91

Pão de atum 55

Pão de batata.. 43

Pão de cerveja 46

Pão de fôrma 46

Pão de presunto.. 56

Pão de queijo.. 98

Pão integral 40

Pão italiano 41

Pão sovado.. 42

Pãozinho de cebola.. 45

Pastel de calabresa com queijo 82

Pastelão de calabresa 35

Pizzinha 94

Quibe 88

Rissole de palmito 81

Rosca de linguiça 48

Rosca de torresmo 49

Torta caipira com frango 36

Torta cremosa de palmito 30

Torta de alho-poró 20

Torta de atum e azeitonas 29

Torta de brócolis e sardinha 26

Torta de carne com banana 23

Torta de frango com requeijão cremoso................ 33

Torta de linguiça defumada com batata 25

Torta enrolada de frios 21

Torta folhada de escarola com queijo 22

Torta folhada de salsicha acebolada 24

Torta fria de peru defumado e maçã 31

Trança de quatro queijos 53

Doces

Alfajor 116

Beijinho 107

Bem-casado 110

Bicho de pé 108

Bolinho Red Velvet 120

Bolo de amendoim 61

Bolo de banana 70

Bolo de café 65

Bolo de cenoura com chocolate 68

Bolo de chocolate com morangos 74

Bolo de fubá com goiabada 59

Bolo de laranja com calda 69

Bolo de maçã com calda de chocolate 67

Bolo de maracujá 62

Bolo de nozes com glacê de limão 75

Bolo de Reis 72

Bolo Floresta Negra 77

Bolo formigueiro 63

Bolo gelado de coco 78

Bolo inglês 70

Bolo mármore 64

Bolo Toalha Felpuda 60

Bombom casadinho 141

Bombom de caramelo 135

Bombom de cereja 139

Bombom de frutas secas 136

Bombom de geleia 134

Bombom de licor 137

Brigadeiro de paçoca 104

Cajuzinho 108

Camafeu de nozes 112

Carolinas com doce de leite 114

Churros 115

Cocadinha da vovó 106

Doce de leite de corte 105

Donut 119

Olho de sogra 111

Pé de moleque 100

Quindim 101

Rosinhas 140

Segredinho 113

Sonho 117

Surpresinha de cereja 102

Trufa clássica 130

Trufa de banana 131

Trufa de café 124

Trufa de chocolate com cerveja 132

Trufa de chocolate com pimenta 127

Trufa de coco 122

Trufa de limão 126

Trufa de maracujá 125

Trufa de paçoca 129

Trufa rápida de castanha 132

Compartilhe a sua opinião
sobre este livro usando a hashtag
#Palmirinha100Receitas
nas nossas redes sociais:

/EditoraAlaude

/EditoraAlaude

/AlaudeEditora